KB269218

한국경제 무엇이 문제인가

한국경제 무엇이 문제인가

김준성 |전 부총리 · 한국은행 총재|

책머리에

나는 은행가, 정부의 경제 관료, 기업인으로 약 60년 동안 경제와 관련된 일에 종사해 왔다. 이번에 새삼 한국 경제에 관한 책을 쓰기로 한 것은 다난했던 한국 경제의 발전 과정에서 그 원동력을 규명해 보고, 앞으로 한국 경제 발전에 필요한 방법론을 강구해 보자는 의미에서이다.

한국 자본주의의 발전 과정을 개관해 보면, 여러 차례 어려운 상황을 겪으면서도 꾸준히 성장해 왔다는 사실을 알 수 있다. 그중에는 한국 경제를 붕괴시킬 만한 위기의 국면도 두 차례나 있었다.

첫 번째는 1979년에 일어난 박정희 대통령 시해 사건이다. 당시 우리나라는 고도성장의 부작용으로 소비자 물가가 33%에 육박하는 심한 인플레이션에 시달리고, 정치 불안과 외화 부족으로 경제가 붕괴 직전에 있었다. 그 당시 외환 보유고는 57억 달러로 수입 수요 충당 3개월치에 불과했고, 외화를 빌려 주던 일본, 미국, 서구 각국의 금융 기관들은 차입 계약이 돼 있는 금융 계정의 지출까지 중단한 상태였다. 더욱이 식량과 에너지 자원의 수입마저 끊길 긴급한 상황이었다. 그러다 전두환 정권이 들어선 이후 정부 정책의 우선 순위를 경제 성장과 물가 안정에 둔 결과 붕괴 직전에 있던 우리 경제는 가까스로 소생될 수 있었다.

두 번째는 김영삼 정권 말기에 일어난 외환 위기이다. 외화 부족으로 우리 경제는 IMF 관리 체제를 맞게 됐지만 이러한 위기 역시 김대중 정권이 들어서 슬기롭게 잘 극복해 냈다. 그러나 수출 산업에서 대기업의 비중이 심화되고, 수출 상품의 특화, 대기업의 오너 체제가 더 강화되었다. 이로 인해 우리나라 산업의 구조적 모순은 더욱 깊어졌다. 소득 분배에 있어서도 심한 부의 왜곡 현상이 일어났다.

노무현 정부가 분배를 경제 정책의 기치로 내세운 것도 일리가 있다. 그러나 경제의 현실적인 상황은 그리 단순하지 않다. 정부가 성장을 제쳐 두고 분배 중심의 정책을 내세우기에는 현실 경제에 많은 문제점이 도사리고 있는 것이다.

2005년의 경제 상황은 11월까지의 거시적인 지표에서 보면 안정된 양상을 나타내고 있다. 무역 수지 흑자 220억 달러, 외환 보유고 2,082억 달러, 개인 국민 소득 1만 6,000달러(2005년 예상), 경제 성장 3.9%(2005년 예상), 물가 2.4%, 실업률 3.3%로 외관상의 경제 지표는 대단히 안정되어 보인다. 그러나 미시적인 관점에서 보면 가계나 기업은 대단히 큰 어려움을 겪고 있다. 중요한 것은 거시적이건 미시적이건 우리나라의 경제를 더 깊이 분석해 보면 많은 문제점을 내포하고 있다. 그것은 우리나라 경제가 전적으로 수출 산업에 의존하고 있기 때문이다.

2005년의 경제 현황만 보더라도 내수나 투자는 부진했던 반면 수출은 호조였다. 이러한 경제의 불균형이 문세이다. 과서 인플레이션이 심할 때나 IMF 관리 체제 하에 있을 때도 우리나라 수출 산업은 개발도상국 중에서 선두를 달리고 있었다. 우리는 늘 선진국을 따라잡을 위치에 있었다. 그런데 지금은 그때와 다르다. 선진국과 어깨를 나란히 할 뿐 아니라 어떤 품목에서는 선진국을 앞지르고 있다. 그러니 과거 어느 때보다 언제 뒤처질지 모르는 치열한 경쟁 속에 있는 것이다.

지금 우리나라 경제가 직면해 있는 국제적인 경쟁 상황을 이해하지 못하고 외관의 지표에만 현혹되어 분배와 성장의 우선론을 운위한다는 것은 위험천만한 발상이다. 분배도 좋고, 성장도 좋다. 그러나 선진국과의 치열한 경쟁에서 뒤진다면 수출로 지탱하고 있는 우리 경제는 일시에 바닥으로 떨어질 위험에 놓여 있다. 우리는 과거 우리와 같은 상황에서 정책 결정의 오류로 실패했던 외국의 사례들을 수없이 보아 왔다.

한 국가의 경제 상황을 나타내는 지표 중 경제 성장률, 소비, 실업률 같은 것은 대단히 중요하다. 1년에 배출되는 신규 노동력을 흡수하기 위해선 경제 성장률이 최소한 5%를 넘어야 한다. 투자나 소비가 부진한 나라의 경제는 그만큼 옹색할 수밖에 없다. 특히 우리나라 경제의 근간을 이루는 수출 산업의 특이성은 간과할 수 없는 문제점을 내포하고 있다. 수출액의 태반이 10여 개의 대기업에 의해서, 그것도 다섯 가지 정도의 상품에 국한돼 있다. 뿐만 아니라 제품을 만들기 위해 필요한 소재나 부품의 상당 부분을 수입에 의존하고 있어 수출 산업의 구조적인 약점을 안고 있다. 게다가 대기업 중심의 수출 산업이 국민 총생산의 30%를 차지해 미국이나 일본의 10%에 비하면 월등히 높은 편이다.

내수가 부진하고 신규 투자가 미약한 우리 경제가 수출에 있어서 국제 경쟁력을 유지하는 비밀은 어디에 있을까. 여기에서 우리나라 산업 구조의 취약점으로 지적되는 오너 경영 체제를 생각해 본다. 일본이 한국 대기업 수출 산업의 우위성을 논할 때, 한국 대기업의 시설 개체의 과단성과 설치 기간의 신속함은 오너 경영의 강한 책임 경영 의식에서 비롯된다고 분석하고 있다. 그렇다고 앞으로도 오너 체제를 그대로 유지하자는 것은 아니다. 기업의 경영과 자본의 분리 는 자본주의의 원칙이다.

나는 이 책에서 앞으로 우리나라 자본주의의 원동력을 어디에 두어야 하는가를 모색하고자 했다.

2006년 1월

제4장 한국 경제의 당면 과제와 해결책

제1장 역사적으로 본 한국 경제 발전의 문제점

1. 한국 경제의 구조적인 특수성

(1) 정부 주도의 자본주의 성장 정책

한국 경제의 초기 자본가 세력은 다분히 정부의 주도로 형성될 수밖에 없었다. 광복 후 미 군정의 귀속 재산 매각과 이승만 정권기 외국 원조 물자의 배분, 그리고 5·16 군사 정부가 시도한 경제 개발 계획 추진 과정에서 이루어진 해외 차관의 분배에서 정부는 상당한 주도권을 행사할 수 있었고, 이에 부응한 자본가 세력은 한국 경제 구조의 기본적 특성과 체질을 형성하는 데 핵심적 역할을 하였다.

광복은 당시 한국의 경제 상황에서 일본을 중심으로 하던 전시 경제, 동북아시아 경제 관계, 그리고 이를 기초로 하는 분업 구조의 해체를 의미하였다. 일본에 의존하던 원자재를 비롯해 기술, 자본, 시장에서의 단절이 야기한 생산 자재, 기계 설비 등의 부족은 급속한 생산 위축으로 나타날 수밖에 없었다. 당시 미 군정은 귀속 재산의 조기 매각을 실시했는데, 90% 이상이 정부 수립 후 한국 정부에 의하여 매도 조건이 완화되어 실시되면서 관료와 정치인의 개입에 의한 정경 유착의 계기를 제공하게 되었다.

반면 토착적 자생 자본이라 할 수 있는 식민지 지주 계급은 농지 개혁으로 인해 몰락하였다. 농지 개혁은 농자 유전 및 자작농 체제의 성립이라는 측면에서는 비교적 성공적이었다고 평가할 수 있다. 다만 이들의 자생 자본이 상업 자본 및 산업 자본으로 전환될 수 있는 기회를 상실했다는 측면도 있다.

결과적으로, 이후 형성된 한국의 신생 자본가 계급은 정부와의 유착 관계에서 벗어날 수 없는 숙명적인 과정을 거쳤다. 그리고 지배 계급인 지주 계급이 몰락하고 신생 자본가 계급이 대두함으로써 오랫동안 한국 사회의 가치관으로 자리 잡았던 사농공상의 개념에도 상당한 혼란이 일어났다. 이러한 귀속 재산 매각 과정에서 형성된 세력들이 초기 자본가 계급을 형성하기 시작하였으나 아직 미미하였고, 그러한 상황에서 민족의 비극인 6·25 전쟁이 발발하면서 우리 경제는 심각하게 파괴된다. 이때 국가 기간 시설의 85% 정도가 파괴되었고 이를 극복하기 위해 이승만 정부는 경제 재건을 위한 부흥 계획을 세웠으나 이에 필요한 자원의 조달이 문제였다.

축적된 자본이 없던 당시, 기댈 수 있는 유일한 길은 외국의 원조였으나 이마저 (재정적자 보전이 먼저냐 경제 부흥에 우선 사용하여야 하느냐를 두고) 한국 정부의 재량대로 쓸 수 있는 것이 아니었다. 한미 양국 정부의 합의에 의해 원조금이 지출된다고는 하지만 실질적

[표 1-1] 주요 기업 집단들의 계열 기업 및 자산 규모(1961년 초)

소유 주주	주요 계열 기업	자산 규모(백만 환)
이병철	삼성물산, 제일모직, 제일제당, 한일은행, 조흥은행, 안국화재해상보험 등	29,296
이정림	개풍상사, 대한양회, 삼화제철, 한국무역보험, 서울은행 등	25,568
정재호	삼호무역, 삼호방직, 대전방직, 조선방직, 제일화재, 제일은행 등	21,382
백남일	동서해상, 태창상사, 태창방직, 태창공업, 자유신문사 등	14,181
이양구	제일실업, 동양시멘트, 동양제과 등	11,092
박흥식	화신산업, 신신무역, 흥한방적, 화신백화점 등	3,180

인 주도권은 미국 정부가 쥐고 있었다. 이 시기 경세 운용의 핵심이었던 원조 사업이 한국 초기 자본 세력의 형성에 미치는 영향은 지대하였다. 즉, 공업용 원료 및 반제품에 대한 판매를 생산 시설을 보유한 자에게만 판매함으로써 부가 이들에게 집중되는 결과를 낳았다. 이들은 또한 이 부문에서 축적한 부를 가지고 일반 판매용 민수 물자에서까지 우위를 차지하며 낙찰 받게 되고, 그 세력을 키우면서 오늘날 기업 집단의 초석을 마련하게 된다.

사실 광복 후 전국 각지의 국지적인 시장권을 무대로 국산 원료 및 시설과 국내 자본에 기초한 사적 중소 규모의 민족 자본이 일부

[표 1-2] 산업별·공업별 국민 총생산 추이

(단위 : 십억 원)

연 도	국민 총생산	제1차 산업	제2차 산업			제3차 산업
			소비재	생산재	합계	
1953	158.13	59.57	10.28	2.29	19.54	79.02
1954	167.66	64.05	12.28	2.51	22.78	80.83
1955	178.30	65.05	15.47	2.62	26.83	85.82
1956	180.67	61.86	18.08	2.75	29.52	89.29
1957	193.60	66.91	19.73	2.98	34.21	92.48
1958	205.41	72.22	21.26	3.27	36.52	96.67
1959	214.90	71.87	22.90	3.47	40.40	102.63

자료 : 한국은행 조사부

존재했다고 보는 것이 맞을 것이다. 이들이 광복 후 공업 생산을 어느 정도 주도했다고 평가할 수도 있겠으나 6·25 전쟁이 끝나고 정부가 공업용 원료 및 반제품에 대한 판매에 일정 규모의 생산 시설을 가지고 있는 자들에게만 매각하는 정책으로 원조 사업을 운용하면서 이들의 위상은 낮아질 수밖에 없었다. 결국 원조 사업의 운용은(한국 정부의 독자적인 의사 결정 범위는 좁았다고 할 수 있으나) 구조적인 측면에서 보면 어느 정도 지향성을 갖게 됨으로써 자본 세력 형성의 단초를 형성하였다고 할 수 있다. 그러나 이러한 자본의 축적이 소비재 부문에서만 급속한 진행을 보인 반면 중간재 및 자본재 부문에서는 제대로 진행되지 못했다.

이러한 상황에서 경제 성장에 대한 정부의 주도권과 영향력은 절대적으로 커질 수밖에 없었다. 사실 한 나라의 경제 개발 초기에는 정부의 경제 영역에 대한 행정적 우위가 인정되므로 어느 정도의 관 주도는 불가피하다. 자생적인 토착 자본이 미미한 상태에서 자원의 분배권마저 가진 정부의 영향력은 더욱 클 수밖에 없었다. 필요한 생산 자원의 분배 권한을 가진 정부로부터 자본 세력의 모태가 형성 될 수밖에 없는 구조였기 때문이다.

이런 정부 주도의 자본 세력 형성 및 경제 성장 견인은 이후 5·16 군사 정부에서도 계속된다. 군사 정부는 처음엔 경제 개발의 중요성 보다 반공을 우선시하여 대기업 경제인들을 부정 축재자로 몰아 투 옥시키기 시작하고, 이듬해인 1962년부터 과거 민주당 정권의 경제 개발 5개년 계획을 기초로 제1차 경제개발 5개년 계획을 실시한다. 그리고 이에 필요한 자본의 해외 조달을 모색하던 중 가장 우선적으 로 실행한 것이 대일 청구권 자금이었다. 한·일 협정 후 무상 3억

[표 1-3] 청구권 자금의 연차별 사용 실적 (단위 : 천 달러, %)

구 분	무상		유상		합계	
	금액	구성비	금액	구성비	금액	구성비
1차(1966)	39,915	13.3	44,677	22.3	84,592	16.9
2차(1967)	34,668	11.6	27,389	13.7	62,057	12.4
3차(1968)	27,979	9.3	17,813	8.9	45,792	9.2
4차(1969)	24,059	8.0	11,070	5.5	35,129	7.1
5차(1970)	25,995	8.7	8,894	4.4	34,889	7.0
6차(1971)	29,205	9.7	8,000	4.0	37,205	7.4
7차(1972)	29,798	9.9	34,900	17.5	64,698	12.9
8차(1973)	29,613	9.9	5,004	2.5	34,617	6.9

9차(1974)	28,016	9.3	41,521	20.8	69,537	13.9
10차(1975)	30,752	10.3	732	0.4	31,484	6.3
합계	300,000	100.0	200,000	100.0	500,000	100.0

자료 : 경제기획원, 청구권 자금백서

달러와 차관 2억 달러가 경제 개발 4년 후인 1966년부터 10년 분할로 10년에 걸쳐 들어왔다.

이 자금 중 광공업 부문에 약 55%인 2.8억 달러가 사용되었고, 이 중 포항종합제철 공장 건설에 약 1.2억 달러가 사용됨으로써 산업 기반 확충에 기여한 측면이 있다. 다만, 부속품을 일제만 사용한다는 조건이 붙었다. 현재와 같이 부품 산업의 일본 의존도가 높게 된 출

[표 1-4] 1960년대 외국 차관 도입 현황   (단위 : 백만 달러)

구 분	공공 차관		상업 차관		합계
	금액	%	금액	%	금액
1962	6.2	98.5	0.1	1.5	6.3
1963	24.2	56.2	18.8	43.8	43.0
1964	11.0	36.6	19.0	63.4	30.0
1965	11.2	34.0	27.8	56.0	39.0
1966	62.7	22.5	109.6	63.6	172.3
1967	79.7	36.4	137.7	63.4	217.4
1968	112.1	30.7	252.1	69.3	364.2
1969	148.0	29.0	360.8	71.0	508.8

자료 : 경제기획원, 주요 경제 지표

발점이 되지 않았나 싶다. 아무튼 이 차관의 규모를 연평균 5천만 달러로 상정해도 1966년도 외국 차관의 약 50%, 1969년도 외국 차관의 약 60% 수준이었으므로 작은 규모는 아니었다.

외국 차관 도입 당시 국내 민간 기업들의 국제 신인도가 낮았기 때문에 정부가 이들 기업에 대한 지불 보증을 하였다. 이것은 정부와 재벌 간의 유착을 더욱 공고히 하는 하나의 계기가 되었다.

(2) 대기업 중심의 산업 구조

앞 장에서 언급한 차관 도입에 따른 부작용은 단지 정부와 기업 간의 유착 강화 문제에만 있는 것은 아니었다. 차관을 쓸 수 있는 기업은 당시의 경제 상황에 비추어 그 도입 조건이 특혜에 해당하였기 때문에 이에 편승하여 압도적인 성장을 할 수 있었던 반면, 여기에서 소외된 기업들은 상대적인 악조건 하에서 경쟁해야 했기 때문이다. 당시 차관의 금리는 5~6%에 불과한 반면, 국내 시중 은행의 이자율은 25~30%에 이르러 기업들이 차관 자금을 도입하여 은행에만 예치한다고 해도 막대한 이자가 보장되는 구조였다. 더구나 차관 대상 사업을 국가의 중요 산업 부문에만 국한해 극소수의 기업들에게만 도입을 허가하였기 때문에 차관을 통하여 신규 공장을 설립한 기업들은 자연스럽게 독과점적 지위를 향유하면서 쉽게 재벌로 커 나갈 수가 있었다.

한 나라의 산업 구조는 그것이 계획 경제 체제가 아니라면 시장 경제 원리에 따른 자본과 노동의 작용 관계, 상업 자본·금융 자본·산업 자본의 작용 관계, 독점 대자본과 중소 자본의 관계, 그리고 국내 자본과 외국 자본의 관계 등에 영향을 받으면서 형성되는 것이다. 그러나 한국의 경우는 이 모든 관계에 우선하여 산업 형성의 초기부터 정부의 강력한 경제 개입과 수출 산업의 불균형 성장 전략 때문에 다분히 대기업 위주로 산업 구조가 형성된 측면이 강하다. 이러한 측면은 앞에서 언급한 바와 같이 역사적 특수성에 많이 기인하고 있다. 혹자는 우리의 산업 구조 중 대기업과 중소기업의 비중을 대만과 같은 수준, 즉 중소기업의 비중을 60~70% 수준으로 바꾸어야 한다고 주장하지만, 이에 앞서 우리의 산업 구조 형성의 배경을 인정해야만 할 것이다. 대만은 자급자족이 가능한 나라이기 때문에 중소기업 위주의 경제 구조를 가지게 됐지만, 한국은 광복 당시만 하더라도 식량 자급률이 60%에 불과했고, 외국 차관에 의존할 수밖에 없었던 관계로 수출 산업 중심의 대기업 체제로 갈 수밖에 없었다.

결과적으로 대기업 중심의 경제 개발 과정에서 상대적으로 소외되어 온 중소기업 부문은 독점 대기업과의 경쟁 관계 속에서 보조적 역할에만 머물러 왔다. 산업 구조의 틀이 어느 정도 완성되기 전에 정부 정책에서 중소기업 부문에 대한 고려가 있었어야 했다. 최근 한국의 부품 산업에서 대일 종속성이 심화되는 데 대한 우려가 깊어지고 있는 것을 생각해 볼 때 안타까움이 더한다.

[표 1-5] 연도별 무역 추이   (단위 : 백만 달러)

구 분	수출액	수입액	차액(수출-수입)
1962	54.8	390.1	-335.3
1963	86.8	497.0	-410.2
1964	120.0	364.9	-244.9
1965	175.6	415.9	-240.3
1966	250.4	679.9	-429.5
1967	334.7	908.9	-574.2
1968	486.3	1,322.0	-835.7
1969	658.2	1,650.0	-991.8

자료 : 경제기획원, 주요 경제 지표

(3) 정경 유착으로 인한 대기업의 경영 부실

5·16 이후 박정희 정부는 경제 개발을 위한 돌파구로 수출 드라이브 정책을 구상하였다. 내수 시장만을 거냥한 성장에는 한계가 있었기 때문이다. 문제는 수출 경쟁력이었는데, 정부는 이를 극복하기 위하여 여러 가지 세금 및 수출 금융 정책 등을 통하여 수출 기업을 지원하였다. 이런 정책 중에 하나가 수출입 링크제였는데, 수출 업자에 한해 일정량의 수입을 허용해 주는 것이었다. 여기에 더하여 여러 가지 특혜도 주었다. 수출 업자가 신규 수출 시장을 개척할 경우, 정부가 당시 수입 금지 품목에 대한 독점적 수입권을 허용해 주는 것 등이었다.

이 결과 수출은 5~6년 사이에 10배 이상 늘어나게 되었고 기업 경영자들의 마음속에는 성장 지상주의라는 일종의 패러다임이 자연

[표 1-6] 대규모 기업 집단의 자기 자본 비율 및 타 법인 출자 비율   (단위 : %)

구 분	1987	1992	1993	1994	1995	1996
자기 자본 비율	19.8	20.8	19.0	20.1	19.9	20.5
타 법인 출자 비율	44.8	28.8	28.8	26.8	26.3	24.8

자료 : 김기태 외, 『한국경제』, 한울아카데미(1998)

스레 자리 잡게 되었다. 앞에서 언급한 자본 세력들의 형성, 즉 귀속 재산의 매각, 원조 특혜, 차관 도입의 수혜에서 정부와 유착 관계를 형성하여 선순환적인 우위를 점한 대기업들은 그 성장 과정에서도 정부의 우선 지원과 특혜 속에서 자신들을 다독이고 내실을 기할 기회를 갖지 못하게 된 것이다. 대기업들은 정부와의 유착을 통한 성장에 도취되어 차입 위주의 외형 확대에만 매진하여 부채 비중의 과다를 큰 문제로 취급하지 않았다.

1970년대 10대 재벌 모두가 주로 은행 융자 및 저리의 차관 도입으로 자본을 조달하였으며, 이러한 경향을 당연하게 여겼다. 이러한 차입에 의한 외형 위주의 성장은 [표 1-6] 에서도 나타나듯이 IMF가 있었던 1997년 이전까지 계속되었다. 현재 한국의 최고 기업이라 할 수 있는 삼성전자도 2004년 부채 비율이 27%에 불과하지만 1975년 말의 시점에서는 582%에 달하였다.

2. 정부 주도형 경제 성장 정책의 공과

앞에서 언급한 바와 같이 한국 경제 구조의 태생적인 한계에도 불구하고 광복 이후 오늘에 이르기까지 한국 자본주의는 일련의 위기 또는 공황 국면을 겪으면서도 상당한 발전과 성과를 이루어 왔다. 광복 후 반세기도 채 지나지 않은 시점에서 선진 자본주의 국가들의 경험이나 비슷한 시기에 경제 발전을 시작한 다른 개발도상국들과 비교하여 볼 때도 매우 빠른 속도다.

정부 주도의 경제 성장 정책의 가장 주요한 성과이자 공이라면 객관적으로 나타나는 경제의 빠른 성장을 꼽지 않을 수 없다. 물론 여기에는 수많은 과오도 있었다. 이제, 광복 후 1980년대까지 정부 주도로 한국 경제가 성장한 과정을 살펴보고 이에 따른 공과를 파악해 보고자 한다.

(1) 경제 성장의 실태

본격적인 경제 성장을 이룩하기 시작한 1960년대 초부터 살펴보면 5·16 이후 들어선 박정희 정부는 1962년부터 제1차 경제개발 5개년 계획을 수립하여 실행하였다. 1950년대에 작성된 종합 경제 계획안이 대체로 외국의 원조를 극대화하기 위해 졸속으로 만들어진 것과는 달리 1차 5개년 계획은 장기적인 발전 구도 및 전망을 갖고 경제 구조를 재편성하려는 것이었다는 점에서 일단 획기적인 의의를 갖는다.

박정희 정부의 자립 경제 달성의 방향은, 국가가 주도하여 중화학 공업과 기간산업을 중점적으로 육성해 수입을 대체하고, 1차 산업 및 경공업을 중심으로 수출을 촉진한다는 것이었다. 이러한 계획은 1960년대 초의 외환 파동과 섬유 공업(면방직) 등 일부 경공업 부문의 과잉 설비, 상대적으로 협소한 국내 시장 문제와 실업 문제 등을 겪으면서 1960년대 중반에 이르러 수출 지향적 공업화 형태로 그 체계가 형성되었다.

1960년대 중반 이후 한국 자본주의가 비약적으로 발전하는 데 주도적 역할을 한 것은 소비재 경공업 부문이었다. 물론 성장률 자체는 중화학 공업 부문이 경공업 부문보다 높았으나, 경공업이 차지하는 비중과 관련하여 보건대 이 시기의 주요 성장 산업은 경공업 부문이었다. 당시 한국의 부존 자원으로는 풍부한 (단순)노동력 이외에 별다른 것이 없었고, 또 국제 분업 구조상으로도 소비재 경공업 부문 중심으로 특화할 수밖에 없었기 때문이다. 한국 자본주의는 선진 자본주의 국가의 사양 산업(특히 섬유 산업 등의 소비재 경공업 부

문)을 이전받음으로써, 그리고 그것을 수출 산업으로 육성함으로써
고도성장을 실현할 수 있었다.

이 시기 산업 자본 축적을 지원하기 위해 정부가 실시한 대표적
경제 수단은 재정 투융자와 정책 금융이었다. 1960년대 후반 국내
총 투자에서 재정 투융자가 차지하는 비중은 25%가 넘을 정도였다.
이 재정 투융자는 사적 자본의 축적에 직접적으로 기여한 것이라기
보다는, 사회 간접 자본의 확충 등에 사용됨으로써 자본 축적을 간접
적으로 지원하는 것이었다. 이 시기 사회 간접 자본 시설의 부족은
사적 자본 축적의 주요 애로 사항 중 하나였다. 정부는 재정 투융자
의 확대 등을 통해 이 애로 요인을 타개하고자 했다.

한편 정책 금융 체계는 대자본의 시중 은행 주식 몰수와 정부 출
자에 의한 각종 특수 은행 신설, '한국은행법'의 개정 등을 통해 금융
정책 기능을 국가가 장악함으로써 이루어지게 되었다. 1960년대 후
반 은행(일반 은행, 산업은행 및 수출입은행)의 신규 총 대출 중 정책
금융 신규 대출이 차지하는 비중은 40% 이상이었으며, 1971년에는
65%에 달했다. 정책 금융 체계가 형성되면서 정부는 통화 신용 정
책에서부터 은행의 개별 실수요자에 대한 최종적인 대출에 이르기
까지 신용 배분에 강력한 영향력을 행사하게 되었다. 이러한 과정에
서 소비재 경공업 부문을 중심으로 산업 자본의 축적이 강화되었다.
그리고 특히 대자본은 경공업 부문에서 생산의 집적과 자본의 집중
을 기초로 그 경제적 지배력을 강화하여 나갔다.

(2) 성장 정책의 여러 폐해

1960년대 주요한 경제 성장 요인은 1) 차관에 의한 기초 자본 축적, 2) 국가의 재정 금융 지원, 3) 풍부한 저임금 노동력, 4) 소비재 경공업 제품에 대한 국내외의 수요 등이었다. 그런데 1960년대 말 고도성장을 뒷받침하던 이 요인들에 몇 가지 차질이 발생했다.

그 첫째가 몇몇 부분에서 중복 및 과잉 투자에 의한 폐해가 나타나기 시작했고, 저임금에 기반한 섬유 산업 등이 1960년대 말부터 나타난 노동 운동 활성화 및 이에 따른 실질 임금 상승 등으로 경쟁력이 낮아지게 되었으며, 선진국들의 보호주의 장벽과 저개발국가의 진입으로 수출 시장이 상대적으로 축소되었으나 이를 보완할 내수 수요는 아직 약한 상태였다. 여기에 더하여, 1960년대 중반 이후에 대거 도입된 외자의 원리금 상환 압박과 중간재·자본재 수입 수요의 증대에 따른 외채 증가, 그리고 국제 수지 문제의 대두를 들 수 있다.

이러한 1960년대 말 경제의 총체적 위기는 부실 기업의 속출과 함께, 인플레이션과 불황의 동시 진행, 그리고 국제 수지의 악화로 나타났다. 당시 박정희 정부는 이러한 경제 위기를 타개하기 위하여 대내적으로는 긴축 정책을, 대외적으로는 환율 인상을 시도했다. 그러나 1960년대 경제 성장 과정의 모순을 근본적으로 해결할 수는 없었고, 결국 정부는 당시 위기를 해결하기 위하여 극약 처방에 가까운 1972년 8·3 조치(경제의 안정과 성장에 관한 긴급 명령)를 단행할 수밖에 없었다. 8·3 조치는 기업 사채의 동결, 금리의 대폭적인 인하, 산업 합리화 자금의 설치, 그리고 환율 안정과 물가 상승 억제 등을 주요 내용으로 하였다.

한편 1967년경부터 차관 기업의 부실화 문제가 대두되자, 박정희 정부는 금융 자금 조정 법안(1969. 3), 외자 도입법 개정(1969. 9) 등을 통해 이 문제를 해결하려 했으나, 이러한 조치만으로 해결의 기미가 보이지 않자 1969년 5월부터 세 차례에 걸쳐 부실 기업 정리를 단행했다. 부실 기업 정리의 중요한 측면은 그것이 국가에 의한 자본의 재편성이며, 이를 통해 중화학 공업화 정책이 구체화되었다는 데에 있다. 정부는 고도성장을 지향하고 있었고, 중화학 공업을 수출 산업의 중심으로 편성하여 1960년대 말의 위기 상황을 돌파하고자 하였다. 중화학 공업화가 실질적으로 추진된 것은 1973년 1월 '중화학 공업화 선언' 이후였다. 이때부터 정부의 막대한 지원 속에 중회학 공업 긴설이 추진되있다. 단기간 내에 중화학 공업화를 달성하기 위하여 정부가 선택한 방법은 전략 산업을 선정하고 이들을 중점적으로 지원함으로써 타 부문에의 파급 효과를 노리는 특정 산업 선별 지원·육성 방법이었다.

이에 의해 철강 공업, 기계 공업, 조선 공업, 전자 공업, 비철금속 공업, 석유화학 공업 등 6개 전략 산업이 선정되었고, 이를 뒷받침하기 위한 추진 기관으로 '중화학 공업 추진 위원회'를 설치하는 한편, 전략 산업에 대한 인·허가, 지시, 명령 등의 수단을 사용하여 강력한 통제 및 지원을 실시하였다. 이 결과 1970년대 중화학 공업 부문은 연평균 20.9%의 성장률을 나타냈으며(경공업 부문 성장률은

14.2%), 공업 구조나 수출 상품 구조에서 차지하는 비중이 급속히 증대되었다.

이렇게 추진된 중화학 공업화가 경제 구조에 어떠한 의미와 결과를 가져왔는가를 생각해 볼 필요가 있다. 먼저 국가의 지원 특혜 속에서 선택적으로 중화학 공업화가 이루어진 결과 대자본 구조로의 집중적인 재편이 있었다. 전체적으로 기존 대자본(재벌)의 지배력이 더욱 공고해지는 결과를 가져온 것이다. 중화학 공업은 그 자체로 대규모 장치 산업일 뿐만 아니라 수출 위주의 산업이기 때문에, 최소한 국제 경쟁력을 확보할 수 있는 규모로 이루어져야 했다. 따라서 대자본은 이제 경공업 및 중화학 공업의 장악이라는 공업 구조의 측면에서뿐만 아니라, 규모 면에서도 대규모 공장을 장악함으로써 실질적으로 경제적 지배력을 확립하게 된 것이다.

한편 중소 자본은 대자본의 하청 기업으로 재편되기 시작했다. 즉, 중소 자본은 대자본과 독립적인 분야에서 존재하든가 아니면 대자본의 하청 계열화하든가 하는 양자택일의 상황에 직면했고, 많은 경우 하청계열화 형태로 대자본의 지배 구조에 편입되었다(한국 경제의 구조적인 문제점인 대기업과 중소기업의 불균형에 대해서는 뒤에서 다루기로 한다).

(3) 1979년 한국 경제 위기의 실태

1970년대 당시 한국 경제는 세계 경제의 조건과 국내 자본 및 정부의 이해 속에서 수출 증대를 통한 고도성장의 실현이라는 방향으로 이루어졌다. 그런데 1970년대 후반 중화학 공업화 결과 중화학 제품이 생산되고 판매될 시점에서 1979년 제2차 석유 파동과 이로 인한 세계적 불황이라는 대외 여건의 악화를 맞게 되었고, 또 중화학 공업을 건설하기 위한 수입 수요(차관 포함)의 증대는 수출 부진과 엉켜 차관 원리금 상환 문제를 야기해, 자본은 자본대로 과잉 중복 투자와 상품 가치 실현이 곤란한 상황에 직면했다.

1960년대 이래 최초로 마이너스 성장을 기록할 정도로 위기는 심각하였다. 이것은 단순한 산업 순환의 한 국면이라고 볼 수 없을 정도로 장기적이며 구조적인 위기였다. 이러한 경제적 위기는 물가 앙등과 실업의 증대로 이어졌으며, 결국 박정희 정권의 붕괴를 야기했다.

(4) 1980년대 경제 인플레이션의 실태와 그 수습 과정

박정희 정권 말기 경제 인플레이션은 시해 사건이 일어났던 1979년에 최고조에 달했다. 도매 물가 상승률 43%로, 한국 경제는 건국 이래 최대의 위기를 맞았다고 해도 과언이 아니었다. 그 당시 인플레이션이 일어났던 과정을 보면 정권 초기에는 성장 정책이 순조로웠고, 안정적인 성장을 하는 것같이 보였지만, 수출의 증가와 더불어 무역 수지 적자의 과다로 외환 부족을 초래했고, 심한 인플레이션에 직면해 있었다. 외채도 300억 달러로, 국민 총생산의 절반에 가까운 수준이었고, 가용 외화 보유고는 외화 수요 3개월치를 감당할 수밖에 없을 정도로 바닥을 치고 있었다. 대통령 시해 사건으로 정치 불안은 극에 달했고, 우리나라 경제는 붕괴 직전에 놓여 있었다.

전두환 정권이 들어서 물가 안정책은 효과를 나타내기 시작해 집권 3년 만에 물가는 한 자리 숫자로 안정되었다. 정권 말기인 1986년에 이르러서는 무역 수지가 100억 달러 흑자를 내는 기적을 이룩했다. 그런데 박정희 정권의 집권 18년 동안 성장 일변도 정책이 왜 말기에 와서 심한 인플레이션과 외화 부족 현상을 초래했을까? 수출입국을 위한 대기업 중심의 산업 구조 하에서 많은 대기업의 경영 부실로 산업 구조가 왜곡되는 현상이 빚어졌다. 대기업의 부실화는 많은 외화의 낭비와 국고 보조를 되풀이했다. 대기업이 경영 부실로 경영 주체가 바뀔 때마다 거래 은행과 정부는 많은 부담을 져야 했다. 그런 와중에서도 성실한 경영으로 일관했던 대기업이 없었던 것은 아니다. 공기업인 포스코라든지 삼성, LG 등 많은 재벌 기업이 그 어려움 속에서도 살아남았던 것이다.

전두환 정권이 물가를 잡고, 경제 되살리기 운동에 성공한 것도 앞서 구축됐던 수출 산업 중심의, 대기업 중심의 산업 구조가 있었기 때문이다. 1979년 말 국민 소득 1,636 달러, 외채 300억 달러, 외환 보유고 57억 달러, 경제 성장 -5%, 도매 물가 앙등률 43%로 일견 붕괴되다시피 했던 한국 경제가 소생한 것은 수출 산업 중심의 대기업 산업 구조 때문이었던 점도 부인할 수 없다. 중소기업과 계열화를 이루지 못하는 구조를 우리나라 산업의 약점으로 지적하지만, 대기업 중심의 수출 산업의 국제 경쟁력을 간과할 수는 없다. 흔히 대만의 예를 들 때, 중소기업 중심의 안정된 산업 구조를 거론하지만 대만과 우리나라는 경제 여건이 근본적으로 다르다. 대만은 중소기업만 가지고도 인구, 식량, 자본 등 자급자족이 가능한 나라지만 우리는 광복 당시 식량 자급도 되지 않았고 공업 원료나 자본, 기술이 전무한 상황에서 경제의 자급을 이룩하기 위해서는 수출에 의존할 수밖에 없었다. 수출을 하기 위해서는 중소기업 체제로는 불가능했고, 정부 주도의 대기업 체제로 갈 수밖에 없었던 것이다.

그동안 여러 차례 시행착오를 겪어 오늘에 이르렀지만 지금 국제 경쟁에서 앞서 달리고 있는 우리나라의 몇몇 대기업을 관찰해 보면, 오늘에 이르기까지 기울인 경영자의 피나는 노력은 세계에서도 그 예를 찾기 어려울 것이다.

필자가 이 책을 쓰면서 갖게 된 의문은 우리나라 산업 구조의 특수성이다. 즉, 중소기업과의 계열화가 이루어지지 않는 대기업 중심의 체제와 대기업의 오너 경영 체제이다. 그러나 일본의 경제 전문가들조차 한국 대기업의 성공적인 성과는 오너 경영 탓이라고 지적한 바 있다.

필자는 오늘의 한국 경제의 발전을 대기업 경영자의 책임 의식과 종업원들의 우수성에 돌리고 싶다. 그렇다고 오너 경영이 법제상으로도 3대 4대로 갈 수는 없다. 얼마 안 있어 우리나라도 선진국과 같은 자본과 경영의 분리가 이루어질 것이다. 그러기 위해서도 기관 투자자의 양성이 시급한 과제이다.

3. 2000년대 한국 경제의 구조적인 문제점

앞에서 살펴본 한국 경제의 발전 과정을 요약하면 정부 주도, 수출 위주의 산업 육성에 의한 급속한 발전이라고 말할 수 있다. 이러한 한국의 경제 발전을 긍정적으로 보는 시각들은 한국의 성장에 대해 '코리언 모델'이라고 명명하고 후발국 경제 발전의 표본으로까지 삼고 있다. 실제 우리의 경제 발전은, 수치로만 본다면 눈이 부실 정도이다. 1961년 91달러이던 1인당 국민 총생산(경상 가격 기준)이 1997년에는 1만 달러를 초과했고 1980년대 이후에는 신흥 공업국의 선두에 서게 되었다.

하지만 불행히도 우리나라는 영국이나 미국과 같은 자본주의를 먼저 경험한 국가들처럼 점진적이고 자연스러운 경제 발전과 그에 따른 산업 구조의 개편을 경험할 시간이 없었다. 따라서 인위적인 고도성장 과정에서 자연스럽게 구조적인 문제점들이 발생하였는데,

[표 1-7] 1인당 국민 소득 추이 비교 (단위 : 달러)

구 분	1970	1975	1980	1985	1990	1995	체제 전환
러시아	-	1,914	2,637	2,707	1,578	2,458	1992년
체코슬로바키아	696	2,250	2,845	2,548	2,886	4,567	1990년
유고슬라비아	620	1,357	2,827	1,913	3,200	1,550	1992년
헝가리	536	1,043	2,069	1,949	3,176	4,072	1989년
폴란드	500	1,904	1,596	1,894	1,633	3,040	1989년
루마니아	500	1,000	1,542	2,099	1,648	1,573	1991년
쿠바	490	1,060	1,406	1,518	1,722	1,189	미전환
한국	252	594	1,597	2,242	5,883	10,124	-

자료 : 한국은행 통계청

일부 기업에 경제력이 지나치게 집중된 것이나 주요 부품 소재의 경쟁력 기반이 취약해진 것들이 그 대표적 예라고 하겠다. 이런 구조적인 문제들과 IMF 등을 근기로 한국 경세가 성상의 한계에 달했다고 주장하는 관점도 있다. 즉, 경제의 전반적인 생산성 향상 없이 주로 높은 투자와 고용 증대에만 의존한 경제 성장을 해 왔기 때문에 성장 과정에서 축적된 내부 모순으로 인해 더 이상 성장이 힘들다는 주장이다. 일리가 없지는 않지만 한국 경제의 발전 과정에서 형성된 잠재력과 최근 한국의 대표적인 기업들이 글로벌 경쟁력을 갖춰 가는 모습을 보면 납득하기 힘들다. 많은 논란에도 불구하고 한국 경제가 고도의 압축 성장에 의해 성공한 것만은 분명한 사실이며, 반대급부로 여러 구조적인 문제들이 2000년대까지 이어져 왔다는 것 또한 우리가 인정해야 할 사실이다. 지금부터는 경제 발전의 특수성으로 인해 빚어진 한국 경제의 구조적인 문제점들을 짚어 보고자 한다.

(1) 대기업과 중소기업이 차지하는 비중

우리는 앞에서 산업 형성의 초기부터 정부의 강력한 경제 개입과 산업의 불균형 성장 전략 때문에 대기업 위주로 산업 구조가 형성되었음을 살펴보았다. 1960년대 경공업 중심의 성장 과정에서 정부에 의해 정책적으로 성장한 대기업 집단들은 1970년대 중화학 공업 육성기를 거치면서 한국 경제에서 독점적인 지위를 더욱 강화하였다. 또한 이들은 낙후된 한국의 금융 시스템 하에서 자본을 보다 쉽게 조달하고 사업의 위험을 분산하기 위해서 계열사 간 순환 출자, 상호 채무 보증 등으로 재벌이라는 거대한 기업 집단을 형성하였다. 자본주의의 초기부터 공정한 경쟁을 통해 산업 구조가 형성되었다면 비슷한 중소기업들도 시장 논리에 따라 도태되거나 대기업으로 성장해 나갔을 것이다. 그러나 이러한 과정을 생략하고 대기업 위주의 압축 성장을 하면서 자본과 정부와의 관계, 인적 자원 등에서 일단 우위를 가지게 된 재벌들이 산업 전 분야에 진입함으로써 독점적인 위치를 확보하였다. 중소기업들은 성장의 기회에서 상대적으로 소외되었고 상당수가 대기업의 단순 하청 업체로 전락하게 되었다. 보통 대기업이라고 하면 300명 이상의 종업원을 가진 기업을 말하는데 위의 역사적인 배경을 고려할 때, 우리나라의 경우 재벌 기업을 대기업으로 생각하는 것이 더 의미 있는 고찰이 될 것이다.

한국 경제의 구조적인 문제점에서 가장 크게 부각되는 것이 바로 재벌 기업에 집중된 경제력과 중소기업의 취약한 경쟁력이다. 자본주의 사회에서는 경쟁을 통해 승자에게 부와 명예가 집중되는 것이 순리이고 또한 동기 유발의 원천이기 때문에 그 자체를 꼭 부정적으로 볼 필요는 없다. 하지만 한국의 재벌이 가지는 독점적 지위는 그 정도와 파급 효과, 역사적인 특수성을 고려할 때 짚고 넘어갈 필요가 있다고 하겠다.

2004년 상위 30대 재벌 전 계열사의 총 매출액이 그해 국내 총생산(GDP)에서 차지하는 비중은 83.7%였고, 특히 삼성, 현대자동차, LG, SK가 GDP에서 차지하는 비중은 42%에 달한다. 우리나라의 매출액 기준 10대 기업의 영향력이 경제 전반에 걸쳐 퍼져 있음을 알 수 있다.

고도성장 과정에서 상대적으로 수혜를 받았던 재벌 집단에 경제력이 집중되고 있는데, 이는 개발도상국에서 흔히 나타나는 현상으로 한국의 경우 그 정도가 유달리 심하다. 이는 경제 발전에서 정부가 그만큼 강한 통제력을 가지고 주도적인 역할을 했음을 반증한다. 우리는 경제력의 편중을 무조건 비판적으로 볼 것이 아니라 그런 편중을 가져온 배경과 구조가 2000년대 한국 경제에 어떤 영향을 주고 있는지에 초점을 맞추어야 한다.

재벌 기업들이 1970년대 이후 획기적인 성장을 이룩한 것은 성장 위주의 경영과 수출 드라이브에 기인한 바가 크다. 1960년대 초반

[표 1-8] 주요 기업들이 GDP에서 차지하는 비중(2004년 기준)

순위	기업	매출액(백만 원)	비중
1	삼성전자	57,632,359	8.3%
2	현대자동차	27,472,457	4.0%
3	LG전자	24,659,317	3.6%
4	한국전력공사	23,599,913	3.4%
5	삼성생명보험	22,683,997	3.3%
6	국민은행	20,879,860	3.0%
7	포스코	19,792,478	2.9%
8	SK	17,406,063	2.5%
9	기아자동차	15,257,742	2.2%
10	GS칼텍스	14,063,203	2.0%
5대 기업		156,048,043	22.5%
10대 기업		243,447,389	35.1%
30대 기업		420,813,769	60.7%
100대 기업		655,766,215	94.6%
2004년 GDP		693,424,200	100.0%

● GDP는 최종 생산품의 합계이기 때문에 그룹 매출보다는 기업 매출과 비교하는 것
이 적절하다.
● 매출액 합산의 범위가 30대, 100대 기업까지 확대될 경우 매출액 합계에 중복이
있을 수 있으나(예: 삼성전자와 삼성전기) 10대 기업 이후에는 그 영향이 크지 않아
중요하지 않다고(not significant) 판단된다.
자료 : Kis-line

부터 한국 기업과 정부는 산업 기반 자체가 취약한 상황에서 이를
극복하기 위해 최종 소비재의 수출 확대에 주력하였고, 그 결과 우
리의 경제 성장은 부품, 소재, 기계류 등 자본재 산업의 수입 유발을
촉진시키는 구조적인 문제를 안게 되었다. 다시 말하면 빠른 경제

성장을 이루려 하다 보니 차근차근 자본재 산업의 경쟁력을 다질 시간 없이 부품과 생산 설비를 손쉽게(주로 일본으로부터) 수입해 조립한 다음 다시 수출하는 방법을 택하게 된 것이다.

대규모 설비와 자본이 필요한 최종재의 경우 대기업이 담당하는 것이 효율적이고 수출 경쟁력을 확보하기도 용이하다. 반면 기계류나 부품, 소재와 같은 자본재의 경우 특화된 중소기업이 담당하면 더 효율적이라는 것이 일본이나 독일의 경제에서 증명되었다. 하지만 최종재 수출 중심의 성장에 국가의 자원을 집중함으로써 자본재 산업을 담당해야 할 중소기업들이 제대로 성장할 기회를 얻지 못했다. 또한 한국에서 비교적 쉽게 경쟁력을 갖출 수 있는 자본재나 부품, 소재의 분야에서도 재벌 기업들이 집중된 경제력을 바탕으로 진출하여 독점적인 시장 지위를 확보함으로써 중소기업들은 사라지거나 저부가 가치의 단순 하청 업체로 전락하고 말았다. 이러한 중소기업들은 1980년대까지는 저임금과 전방 산업의 지속적인 성장에 힘입어 생존할 수 있었으나 1990년대를 지나 2000년대에 이르자 생존 기반이 근본적으로 흔들리고 있다.

그럼에도 불구하고 한국의 중소기업은 아직 한국 경제에서 절대적인 비중을 차지하고 있고 그 수나 고용 인원, 생산액 등도 다른 선진국과 비교해 전체 경제에서 차지하는 비중이 높은 편이다. 하지만 제조 중소기업의 종업원 1인당 부가 가치가 일본의 61% 수준(2001년)에 불과하고 경쟁력이 취약해 기술력이 우수한 소수 중소기업을 제외하고는 생존을 위협받고 있는 것이 작금의 현실이다.

[표 1-9] 국가별 중소기업의 비중(제조업, 1999년)

(단위 : %)

구 분	네덜란드	일본	한국	영국	독일	스웨덴	미국
종업원 수	83.5	78.8	74.7	66.4	56.8	53.7	41.1
매출액	62.1	62.7	53.3	51.4	42.5	42.9	24.8
비즈니스 R&D	28.8	7.2	12.9	17.2	15.1	16.9	18.7

주 : 여기서 중소기업은 종업원 수 500인 미만.
자료 : OECD, *OECD Small & Medium Enterprise Outlook*, 2002.

중소기업의 경쟁력은 곧 부품, 소재, 기계 등 중간재 산업의 경쟁력과 직결된다. 취약한 중소기업의 경쟁력으로 인해 한국의 기계류, 부품, 소재 산업은 아직 후진성을 면치 못하고 있고, 이는 수출 확대와 경쟁력 강화를 위해서 필요한 조립 가공 산업의 첨단 기술화에 장애가 되고 있다. 또한 핵심 첨단 자본재를 미국, 일본 등으로부터의 수입에 의존함으로써 중간재 및 기계류의 수입 특화-완제품의 조립 생산 및 수출 특화의 저부가 가치형 생산 체제에서 탈피하지 못하고 있다. 나아가 완제품의 수출 확대가 중간재 및 기계류의 수입을 구조적으로 유발하는 수입 유발적 산업 구조가 고착되었다. 우리의 무역 수지가 대규모 흑자를 기록하더라도 항상 대일 무역 적자

[표 1-10] 한국·일본의 자본재 수입 의존도 등 비교

구 분	한국(1995)	일본(1993)
일반 기계 수입 의존도(%)	13.6	1.5
제조업 수입 유발 계수	0.304	0.093
제조업 외화 가득률(%)	69.9	90.7

자료 : 박태영, 『새천년 한국의 신산업 정책』(p. 100)

가 전체 흑자보다 더 큰 대일 무역 역조 현상이 일어나는 것도 이 같은 구조에서 비롯되었다고 할 수 있다.

중소기업은 흔히 한 나라 경제의 근간이라고 말할 정도로 고용 효과나 내수 경기에 많은 영향을 미친다. 우리나라 중소 제조 업체가 전체 제조업 고용에서 차지하는 비율은 2000년 기준 73.9%로 미국(39.1%), 영국(50.3%), 독일(68.3%) 등 서구 선진국에 비하여 월등히 높고 일본(72.4%), 대만(80.0%)과 비슷한 수준이다. 외환 위기 이후 대기업 위주의 수출 경쟁력은 크게 향상된 반면 내수 경기는 오히려 침체되는 기현상이 일어났는데(2003년 중 수출이 연간 19.3%의 높은 증가세를 보였지만 경제 성장률은 3.1%에 불과), 이 역시 전술한 한국 경제의 구조적인 문제에서 비롯된 중소기업들의 침체와 깊은 상관 관계가 있다.

수출이 호황인데도 내수가 부진한 것은 수출이 몇 가지 주력 품목에 편중되어 파급 효과가 약하고 부품, 소재 산업이 취약하다 보니 수출 호조와 생산 확대가 국산 부품, 설비 구매로 연결되지 않기 때문이다. 또한 우리의 주력 수출 상품들은 대부분 대규모 설비를 가지고 경쟁하는 품목들로, 생산성 향상 속도가 빨라서 성장에 따른 고용 창출 효과가 적다는 특징이 있다. 때문에 수출이 최대의 호황을 맞아도 국내 소비자들의 소득은 크게 늘지 않고 체감 경기가 오히려 악화되는 것이 아닌가 싶다.

(2) 재벌 기업의 오너 경영의 실태와 문제점

산업 기반과 금융 시장이 전무한 상태에서 외자와 원조에 의지해 1960년부터 발전을 시작한 한국 경제에서 기업에 가장 필요한 자원 중 하나는 바로 자본이었다. 1960년대 이전에도 국유 자산을 불하받아 경영하면서 일정량의 자본을 축적한 대기업들이 있었으나 전체 경제 활동에서 자본은 여전히 가장 희소한 자원이었다. 이러한 희소 자원을 외자와 반강제된 저축에 전적으로 의지할 수밖에 없는 것이 당시 한국 경제의 현실이었고, 정부는 외자의 유치와 국내 금융 기관들을 철저히 통제하면서 자원의 분배를 주도하였다. 항상 자본에 대한 초과 수요로 인해 정부는 기업이 보유한 총 자본에 비례해서 추가로 자본을 분배해 주는 방식을 사용했다.

기업을 시장에 공개해 자본을 확충하는 것이 현실적으로 어려운 상황에서 대기업들은 주로 계열사 간의 상호 출자를 통해 허위로 자본을 증가시키고, 이를 바탕으로 자본을 추가로 분배받아 성장을 거듭해 왔다. 이 과정에서 창업주의 지분이 분산되지 않고 유지되면서 창업주와 그 일가가 계열사 간의 순환 출자 등을 통해 직접 주식을 보유하지 않고도 많은 계열사를 실질적으로 지배하는 재벌이 탄생하게 되었다.

한국 경제의 고도성장기에 기업이 사업을 유지하고 성장시키기 위해서는 정부의 의사 결정 과정에 접근할 수 있는 능력이 필수적이었다. 따라서 태생적으로 가지고 있는 구조적인 모순과 비효율성에도 불구하고 재벌이 당시의 경영 환경에 매우 적합한 기업 모델이었던

[표 1-11] 30대 재벌의 주식 소유 구조　　　　　　　　　　　　　　　(단위 : %)

구 분	1987. 4	1990. 4	1991. 4	1992. 4	1993. 4	1994. 4	1995. 4
대주주 및 특수 관계인	15.1	13.7	13.9	12.6	10.3	9.7	10.5
계열 기업	41.1	31.7	33.0	33.5	33.1	33.1	32.8
총 내부 지분율	56.2	45.4	46.9	46.1	43.3	42.7	43.3

자료 : 공정거래위원회(각년도)

것은 분명하다. 하지만 1990년대 이후 경영 환경이 급격히 변하면서, 특히 한보, 기아 등의 재벌들이 큰 파장을 남기면서 해체되고 1997년의 외환 위기 이후 주주 가치를 중시하는 경영이 강조되면서 재벌에 대한 많은 비판이 제기되었고 새로운 규제들이 생겨나게 되었다.

경제력의 집중으로 인한 혁신의 유인 감소, 기업 내부의 비효율성, 무차별적인 다각화로 인한 중소기업과의 불균형 등 재벌에 대한 많은 비판적 시각들이 내두되었나. 이러한 비판적 시각들 중 가장 근원적인 것이 바로 소유와 경영이 분리되지 않으면서 발생하는 오너 경영에 대한 비판일 것이다. 실제 한국 재벌 기업의 창업주와 일가는 소유한 지분에 대비해 과도한 영향력을 행사하고 있다.

재벌의 지배 구조는 소유와 경영이 분리되지 않고 창업주 또는 일가인 오너가 모든 계열사에 전제적인 권력을 행사한다는 특징이 있다. 문제는 오너가 계열 기업을 통해서 자신의 지분에 비해 과도한 지배력을 행사한다는 것이다. 그 결과 오너가 경영 실패에 따른 책임에서는 자유로운 현상이 발생하였고, 이는 국민들의 반 기업 정서를 형성시키는 하나의 요인이 되었다.

(3) 수출 산업이 차지하는 비중과 대기업의 역할

우리나라처럼 국토가 협소하고 부존 자원이 빈약한 상황에서 국민의 생활수준을 높이기 위해서는 수입과 수출을 함께 늘리는 것이 불가피하였다. 또한 우리 경제 활동에 필수적인 에너지나 식량 자원마저 수입에 전적으로 의지해야 했기 때문에 외화 획득을 위한 수출 위주의 산업 발전은 선택이라기보다 유일한 길이었다고 할 수 있다.

이러한 수출입 위주의 산업 구조는 경제의 대외 의존도를 높여 환율이나 유가 등 외부 변수들이 요동을 칠 때마다 우리 경제에 위기를 가져왔지만 동시에 1960년에 국민 소득이 100달러도 안 되던 나라가 40년 만에 세계 10위를 넘나드는 경제 대국으로 성장하는 원동력이기도 했다. 여러 차례의 위기를 겪으면서도 수출 위주의 산업 구조는 크게 변하지 않았고, 최근에는 수출이 차지하는 비중이 오히려 늘고 있다.

이 때문에 우리나라는 해외 여건의 변화에 취약한 경제 체질을 가지게 되었으며, 이는 오늘날까지 경제 활동의 불안정한 변동을 초래

[표 1-12] 에너지 및 양곡 수입 의존도 추이 (단위 : %)

구 분		1970	1980	1990	2000
에너지	원자력 포함	47.5	73.5	87.9	97.2
	원자력 제외	47.5	71.6	73.7	83.1
양곡	사료 포함	19.5	44.0	56.9	70.3
	사료 제외	13.9	30.4	29.7	44.4

자료 : 에너지경제연구원, 「에너지 통계 연보」(2001)
　　　농림부, 「농림업 주요 통계」(2000)

[표 1-13] 주요 필수 자원의 수입 의존도 및 수입액(2000년 기준)

구 분	원유	석유가스	유연탄	금속광물	밀	원면	원모	계
수입 의존도(%)	100	100	100	98	99	100	100	-
수입액(억 달러)	252	54	20	51	5	4	3	389

자료 : 한국무역협회

하는 주요한 요인으로 작용하고 있다. 하지만 이 같은 불확실성은 무역 규모가 큰 국가들은 모두 불가피하게 겪을 수밖에 없는 현상으로, 한국은 그 비중이 다른 국가에 비해서 클 뿐 불확실성 자체가 산업 구조의 질을 판단하는 절대적인 잣대가 될 수는 없을 것이다. 현재와 같이 세계 금융 시장이 통합되어 세계 경제가 동조하는 상황에서는 더욱 그렇다.

불확실성이 심하다고 해서 우리의 산업 구조에서 수출이 차지하는 비중을 인위적으로 조성한다는 것은 가능하지도 않지만 해서도 안 된다. 불확실성이 있으면 적절하고 발 빠르게 대처해서 수출을 잘하면 되는 일이다.

필자는 불확실성보다는 수출이 경제 전반에 기여하는 정도가 낮

[표 1-14] GDP에서 수출이 차지하는 비중 추이

(비중, %)

구 분	1991~2000(평균)	2001	2002	2003
명목 수출	34.2	42.3	40.1	43.1
실질 수출	33.7	50.0	54.0	59.8

주 : 수출은 국민 소득 계정의 재화와 서비스의 수출 항목으로 1995년 기준년 가격.
실질 수출은 해당기의 명목 수출을 수출 디플레이터(1995=100)로 나눈 물량 개념.
자료 : 한국은행, ECOS 데이터베이스

[표 1-15] 주요 국가의 무역 의존도 추이 (단위 : %)

구분	1980	1990	1997	구분	1980	1990	1997
미국	17.3	15.0	19.6	중국	12.8	30.8	35.9
일본	25.5	19.1	18.1	대만	95.5	75.7	83.1
독일	47.0	50.1	45.4	홍콩	148.3	230.7	230.3
영국	41.9	41.6	45.6	말레이시아	96.8	144.6	160.1
한국	63.6	55.6	63.5	멕시코	18.0	24.7	35.4

주 : 무역 의존도=상품 수출입 금액·명목 GDP.
자료 : 한국은행, 「세계 무역의 구조 변화와 우리의 대응 과제」(1999. 8.)

은 것이 한국 경제의 구조적인 문제라고 생각한다. 수출이 잘될 때에 그 효과를 여러 다른 부문으로 파급시켜 경제가 전반적으로 성장해야 한다. 그래야만 그 경제에 활력이 넘치고 지속적으로 건전하게 성장할 수 있는 것이다. 쉽게 말해서 기업이 수출을 잘해 돈을 벌어 오면 다시 국내에 투자도 하고 고용도 늘려야 한다. 투자와 고용이 확대되면 자연스럽게 소득이 증가하고 이것이 소비 증가로 이어져 기업의 활동이 더 활발해지는 것이 경제가 성장하는 선순환의 고리이다.

최근 수출이 사상 최대의 호황을 보이면서 높은 성장을 보이는데도 경제 성장률은 낮고 내수 경기는 침체되는 현상이 계속되는데, 이것은 이런 선순환의 고리가 약하기 때문에 나타나는 현상이다. 좀 더 구체적이고 근본적으로 살펴보면 앞에서 짧게 언급했던 대로 우리의 수출 품목이 몇몇 주력 품목에 편중되어 있고, 부품이나 설비 산업이 취약해 수출이 증가하면서 이들 품목에 대한 부품 소재, 설비

50

[표 1-16] 부품 및 소재의 수입 비중

(단위 : %)

구분		2000	2001	2002	2003	2004
부품		28.7	26.6	27.0	26.7	24.8
	반도체	12.4	11.1	11.5	11.9	10.5
	전자 부품	10.2	8.9	8.2	7.8	7.3
	기계 부품	6.2	6.6	7.3	7.1	7.0
소재		15.3	15.4	15.7	15.7	16.5
부품·소재 합계		44.0	42.0	42.7	42.4	41.3

자료 : www.pmsd.or.kr(부품 소재 통계 시스템)

[표 1-17] 설비 투자의 해외 의존도 추이

(2000=100)

연도	1998	1999	2000	2001	2002	2003
의존도	93.7	95.3	100	100.7	115.7	136.9

주 : 설비 투자 해외 의존도는, (기계류 수입 물량 지수÷설비 기계류 내수 출하 지수) × 100으로 계산되며, 설비 투자 수입에 따른 국내 투자의 위축 정도를 나타낸다.
자료 : 삼성경제연구소, 설비 투자 해외 의존 지수

의 수입이 증가했기 때문이다.

아쉬운 일이지만 수출 호조의 대표적인 품목인 반도체, 무선 통신 기기 등 IT 산업의 부품 해외 의존도는 평균 40%가 넘고 일부 품목은 70%에 달하기도 한다. 여기에 더하여 설비 투자가 일어나더라도 설비 기계류를 수입해 오는 비중이 높아서 파급 효과가 제한적이라는 것이 우리 산업 구조가 가지고 있는 문제점이다.

수출이 경제 전반에 기여하는 정도가 낮아진 것도 우리 경제가 대기업, 최종재 위주로 성장해 왔기 때문에 나타난 현상이다. 보다 직

[표 1-18] 전체 수출에서 주요 기업들이 차지하는 비중(2004년 상반기 수출 상위 10개사)

순위	기업	수출액	비중
1	삼성전자	23조 9,612억 달러	11.8%
2	LG전자	9조 3,679억 달러	4.6%
3	현대자동차	8조 1,825억 달러	4.0%
4	기아자동차	5조 1,560억 달러	2.5%
5	현대중공업	3조 5,963억 달러	1.8%
6	SK	3조 3,636억 달러	1.7%
7	한진해운	3조 681억 달러	1.5%
8	하이닉스반도체	2조 8,196억 달러	1.4%
9	포스코	2조 8,026억 달러	1.4%
10	삼성SDI	2조 7,645억 달러	1.4%
100대 기업 합계		107조 3,888억 달러	52.8%
2003년 전체 수출		203조 4,900억 달러	100.0%

- 5대 기업의 수출 비중은 : 24.7%
- 10대 기업의 수출 비중은 : 32.0%
- 2003년 전체 수출액 1,938억 달러 중 삼성, LG, 현대자동차, SK 등 4대 그룹의 수출액은 933억 달러로 2003년 전체 수출액의 48%를 차지한다.

자료 : 한국상장사협의회

접적으로는 부품, 소재, 기계 등을 담당해야 할 경쟁력 있는 중소기업이 없기 때문이다.

이제까지 우리 정부가 중소기업을 보호하고 육성하기 위한 노력을 하지 않은 것은 아니다. 아마 우리나라처럼 다양한 중소기업 육성 정책을 가지고 있는 나라도 없을 것이다. 하지만 이제까지 중소기업 정책이 그다지 성공적이지 못했던 것은 정책의 집행 과정에서 대기업의 자발적인 참여를 유도하지 못했기 때문이 아닌가 한다. 필

자는 경쟁력 있는 중소기업을 육성하기 위해서는 한국 경제의 특성
상 대기업의 역할이 매우 중요하다고 생각하는데, 이에 대해서는 뒤
에서 더 자세히 논하도록 하겠다.

4. 한국 금융 산업의 실태

1997년 IMF 외환 위기의 원인 중 하나로 취약했던 국내 금융 시스템을 지적할 수 있다. 국내 금융 시스템이 취약할 수밖에 없었던 이유는 이른바 '관치 금융'에서 기인했다고 볼 수 있다. 금융 기관의 소유 및 지배 구조를 놓고 볼 때, 소유 구조 면에서는 1980년대를 기점으로 금융 기관, 특히 은행들의 소유권이 민영화되어 이른바 민유화가 이루어졌지만, 실질적인 경영의 의사 결정은 여전히 정부의 통제를 받은 것이 사실(인사 권한, 이자율 결정 권한, 신용 공여 등에 대한 개입 등)이다. 따라서 '관치 금융'이라고 말하는 것은 소유 구조뿐만 아니라 지배 구조를 포함하여 금융 산업 전반에 걸쳐 정부의 영향력이 깊숙이 미치고 있음을 말한다.

여기에서는 이러한 관치 금융에 이르게 된 과정과 그로 인한 금융 시장의 왜곡 현상 및 금융 산업의 위기 상황, 1990년대 이후 특히 외환 위기 이후 외국 자본의 도입 실태, 그리고 마지막으로 현 상황에서 금융 산업의 재건책을 이야기할 것이다.

(1) 관치 금융에 이르는 과정

1945년 광복 당시 은행을 포함하여 과거 모든 일본 기업의 소유권이 처음 미 군정으로 귀속되었다가 1948년에 다시 한국 정부로 이관되었다. 당시 우리나라의 금융 기관은 조선은행(현재 한국은행), 조선식산은행, 상업은행, 조흥은행 정도였다.

일반적으로 금융 기관의 역할은 자금 중개 기관으로, 저축이라는 통로를 통해 자금을 공급받아 자금의 수요처인 기업에 제공하는 데 있다. 그러나 광복 후에는 자금의 공급 및 수요처가 있을 상황이 아니었다. 그러한 상황에서 6·25 전쟁은 척박한 한국 금융 상황에 또 다른 재앙이었다고 할 수 있겠다.

[표 1-19] 일제 하에서의 금융 기관 수

구 분	조선 은행 (지점)	조선 식산은행		일반 은행		금융 조합 연합회		금융 조합	조선 저축 은행 (지점)
		본점	지점	본점	지점	본점	지점		
1910	12	6	27	4	20	-	-	120	-
1920	10	1	52	21	59	13	-	400	-
1930	10	1	57	13	92	13	-	644	-
1945	16	1	74	2	136	1	13	912	21

자료 : KDI, 한국의 금융 발전(1984)

  6·25 전쟁의 종료와 더불어 전쟁으로 피폐된 경제를 재건하는 것이 국가의 당면 과제가 되었다. 외국 원조의 유입이 증가하였고, 원조의 구성도 소비재 위주에서 소비재, 중간재, 자본재가 복합된 형태로 바뀌었다. 금융 제도도 재건 노력을 보다 원활히 뒷받침하기 위하여 약간의 변화를 겪게 되었는데, 그 하나는 한국 정부와 미국 정부의 합의에 의해 조선은행의 중앙은행으로의 전환을 내용으로 한 개혁안이었다. 이 개혁안은 1950년 6월 실행되어 조선은행이 한국은행으로 이름을 바꾸고 명실 공히 중앙 은행으로서의 역할을 수행하게 되었다. 다른 하나는 전쟁 후 경제를 재건하기 위한 한국산업은행의 설립이었다. 1954년 산업에 대한 중장기 대출의 취급을 주목적으로 하여 일제 시대 조선식산은행의 자산, 부채, 기구 중 일부를 이양받아 한국산업은행이 설립되었다. 한국산업은행은 재무부의 직접적인 권한 내에 속하였는데, 이로 말미암아 한국은행의 여하한 통제도 받지 않게 되었고, 이는 그 후 뒤이어 설립된 많은 특수 은행들이 대부분 중앙은행의 통제권 밖에서 운영될 수 있도록 하는 선례가 되었다.

  1954년 정부는 과거 일본인 소유주로부터 미 군정을 통해 이양받은 일반 은행의 주식 보유분을 매각하기 시작하였다. 그중 조흥은행은 대부분 한국인 소유였기 때문에 여기에서 제외되었다(일부 정부 지분은 당시 조선맥주 관리인인 민덕기에게 매각됨). 나머지 은행들의 주식은 1957년까지 수차례에 걸친 유찰로 말미암아 결국 처분되지 않았다. 그리하여 주로 당시 정부 통제 하에 있던 수입 면허로 한창 치부(致富)하던 부유한 기업가들에게 낙찰되었는데, 그 실상을 보면 흥업은행(후에 한일은행, 현재 우리은행)은 삼성의 이병철에게, 상업은행(현재 우리은행)은 대한방직의 설경동에게, 제일은행은 삼호방직의 정재호에게 최종 매각되었다.

1961년 5월 출현한 군사 정부는 금융 부문에서 많은 개혁을 이루었다. 신정부는 국가 경제의 후진성 탈피를 겨냥하여 '강력한 정부 계획'을 내용으로 하는 혼합 경제를 표방하였다. 이러한 기틀 아래 1961년 10월 정부는 대주주들이 불법적으로 재산을 은닉했다는 이유로 그들이 소유하던 일반 은행의 주식을 환수하였다. 정부의 이러한 조치는 일반 시중 은행(사유 은행)이 경제력을 집중시키는 원인이 될 것이라는 우려에서 취해진 것이었다.

당시 박정희 정부는 단기간에 경제 성장을 위한 자금이 필요했으며, 이를 위해 외부 자금을 끌어들이고 내부 자금을 동원하기 위해 일반 국민들이 저축을 적극 권장할 수밖에 없었다. 나아가 금융 기관의 대출을 매개로 기업의 투자 방향을 조정해 갈 필요성이 있었다. 결국 각종 예금 은행을 비롯한 개발 기관, 저축 기관의 설립과 확장으로 은행을 중심으로 한 자금의 동원 및 배분의 틀이 더 확대되었고, 정부는 이 틀 속에 들어가 정책적으로 자금 배분을 조정해 갈 수 있었다고 할 수 있다.

1960년대 정부 주도로 설립된 금융 기관들을 살펴보면, 1) 구 농업 은행과 구 농협이 통합되어 1961년 8월 현재의 농협중앙회로 재출범하였으며, 2) 수산업협동조합이 1962년 설립되었고, 축협도 이와 비슷한 동기에서 설립되어 예금 은행의 업무를 겸하게 되었으며 3) 중소기업은행은 1961년 8월 정부의 출자로 신설된 은행으로서, 중소기업자를 주요 대상으로 하여 예금 은행의 업무를 수행하게 되었고 4) 정부는 무진 회사들을 합병하여 1963년 2월 국민은행을 설립하여 서민과 중소기업에 대한 대출을 담당하게 하였으며, 5) 1967년 1월 서민에 대한 주택 자금 대출의 확대를 목적으로 하는 주택은행(현 국민은행)을 설립하여 주택 금융을 담당시켰다. 6) 또한 1967년 1월 한국은행의 외국부 업무를 계승한 외환은행을 한국은행의 자은행으로 설립하고 외환 업무와 무역 금융을 담당하게 하였다. 7) 정부는 1970년대 들어 급증한 수출입에 대응하는 방편의 하나로 중장기 수출입 자금, 해외 투자 자금의 공급을 확대하기 위해 1975년 7월 수출입은행을 설립했다. 8) 그리고 중장기 신용의 확대를 위해 1967년 설립된 한국개발금융회사의 업무를 계승하여 1980년 6월 장기신용은행(현 국민은행에 흡수 합병)을 설립하였다.

정부는 이와 같이 정책적 목적을 분명히 하는 특수 금융 기관의 설립을 통해 국가 주도 금융 체제를 강화하기도 했지만, 그와 더불어 일반 은행에 정책 금융 기능을 부과함으로써 국가 주도 금융 체제를 강화하고자 했다. 즉, 시중 은행을 국유화함으로써 정책 금융 기관으로 변모시켰으며, 1967년부터 지역 금융의 확장을 통해 지역 경제의 활성화를 목적으로 설립된 지방 은행도 정부의 정책 자금을 취급하기 시작했다.

1972년 상업은행(현 우리은행)을 시작으로 1980년대 초에 모든 시중 은행이 다시 민영화[한일은행(1981), 서울신탁은행(1982), 제일

은행(1982), 조흥은행(1983)]되기는 하였지만, 이는 소유 구조에서의 민영화를 의미할 뿐, 오히려 실질적인 주인이 없는 상황을 만들어 여전히 시중 은행들로 하여금 정부의 실질적인 간섭을 계속 받으면서 국가의 정책 금융을 의무적으로 취급하게 하였다.

시중 은행들이 이처럼 국가의 정책 금융을 지속적으로 수행할 수 있었던 것은 이러한 정책 금융이 자신들의 이익과 배치되지 않았다는 데에 기인한다. 일반적으로 금융 기관은 자금을 대출할 때 대출 자금이 완전히 회수될 것인가를 반드시 고려하게 되는데, 자금 회수 곤란을 원천적으로 제거하기 위하여 자금 이용자에게 차입액 이상의 담보나 차입액의 2~3배 정도의 타인 보증을 전제로 하여 대출을 하고 있는 것이다. 따라서 기업은 대출 시장에 접근하기 위하여 우선 담보력을 가지거나 보증력을 가져야 하는데, 이를 위해서는 담보로서 적합한 것으로 간주되는 부동산을 많이 보유하거나 보증을 쉽게 서줄 수 있는 계열 기업을 많이 가져야만 할 것이다.

이러한 대출 체계를 가지고 있는 시중 은행들은 당시 정부가 재벌들을 도산시키지 않을 것이라는 암묵적인 신뢰를 가지고 이들에 대한 대출을 시행하였고 정부 또한 은행의 이러한 기업들에 대한 자금의 지원이 필요했다. 여기에 정부가 최고 대출 금리를 시장 금리보다 낮게 책정하고 있고, 그에 따라 최고 예금 금리 자체도 시장 금리보다 낮게 책정하여, 일정한 예대 마진을 보장해 줌으로써 금융 기관은 자금 동원에만 주력하면 되고 신용 할당에서 지시와 관행에만 의존하여도 경영에 큰 어려움이 발생하지 않게 되었다.

(2) 정경 유착으로 인한 금융 시장의 왜곡 및 금융 산업의 위기 상황

앞에서 이야기된 바와 같이 우리나라의 금융 산업은 국가의 정책 금융을 실행하면서 성장해 왔으며, 이러한 관행('관치 금융')은 결국 금융 시장의 왜곡 및 금융 산업의 위기를 초래하게 되었다. 여기에서는 관치 금융이 초래한 금융 시장의 왜곡 현상을 짚어 보고, 이후에 금융 산업의 위기 상황을 살펴보도록 하겠다.

1) 금융 시장의 왜곡 현상

① 명목 금리와 실질 금리의 괴리

정부는 금융 기관을 직접 통제할 수 있는 체제를 갖추고 다양한 저축 촉진 제도를 두는 한편으로 실물 부문에 대해 대규모의 정책 금융을 제공하였다. 산업 발전을 위해 금리 및 수수료를 직접 규제하여 대규모의 자금이 장기 저리로 수출 산업 등 전략 산업 부문에 제공될 수 있게 하였고, 저리의 대출을 수행하는 은행의 경영 적자를 막기 위해 예금 금리도 최대한 낮추려고 했다. 또한 때때로 일방적으로 물가 상승률에도 못 미치는 예금 금리를 책정하는 것과 더불어 이에 적정한 예대 마진을 더한 대출 금리를 금융 기관이 실행하도록 하였다.([표 1-20] 참조)

정부의 인위적인 금리 규제는 각 금융 기관의 자금 조달 비용은 물론 자금 운용 수익을 규제함으로써 금융 기관의 가격 경쟁력을 약화시켰다. 어떤 금융 산업은 예대 마진이 일정 폭만큼 주어진다면,

다른 경쟁력을 갖고 있지 않더라도 각 지역에서 예금만 증가시킬 수 있으면 점포를 확장할 수 있었고, 수익도 보장받아 성장할 수가 있었다. 그리고 당시의 금리 격차는 각 차입자별로 거의 없고 금융 기관별로도 거의 없었다.

때문에 각 금융 기관은 예금 유치 경쟁에만 주력했으며, 예금량을 증대시키기 위해 이른바 '꺾기'를 늘리게 되어 차입자의 실효 금리는

[표 1-20] 물가 상승률, 예금 금리, 대출 금리(1964~1978) (단위 : %)

구 분	도매 물가 상승률	1년 예금 금리	은행 대출 금리(A)	사채 시장 이자율(B)	사금융과 공금융 금리 차이(B-A)
1964	35.1	15.0	15.9	61.8	45.9
1965	9.9	30.0	18.5	58.9	40.4
1966	9.0	30.0	26.0	58.7	32.7
1967	6.4	30.0	26.0	56.5	30.5
1968	8.4	26.0	25.8	56.0	30.2
1969	6.4	24.0	24.5	51.4	26.9
1970	9.1	22.8	24.0	50.2	26.2
1971	8.8	22.0	23.0	46.4	23.4
1972	13.8	15.0	17.7	39.0	21.3
1973	6.9	12.6	15.5	33.2	17.7
1974	42.1	15.0	15.5	40.6	25.1
1975	26.6	15.0	15.5	47.9	32.4
1976	12.1	15.6	16.1	40.5	24.4
1977	9.0	15.8	15.0	38.1	23.1
1978	11.7	16.9	17.1	41.7	24.6

자료 : 한국은행, 경제 통계 연보(각년호)

시장 금리의 상승에 따라 꺾기가 자연적으로 증가함으로써 규제 금리 체계의 왜곡이 발생하였다. 특히 인플레이션이 가속화되면서 수익률이 높은 부동산 시장 및 증권 시장으로 예금이 이탈되어 규제 금리가 적용되는 금융 시장의 자금 부족은 더욱 가중되고, 시장 금리는 더욱 높아져 기업의 금융 부담은 더 증가하게 되었다.([표 1-20] 참조)

② 사금융 시장의 성장

정부의 인위적인 금리 규제로 자금의 이동을 제약하여 장기 거액 자금은 고수익률이 보장되는 부동산 시장, 증권 시장, 제2금융권으로 들어가고, 단기 소액 자금만 제1금융권으로 들어갔다. 그 결과 많은 자금이 고리의 사채 금리로 인해 제도 금융 기관으로부터 빠져 나가는 경우도 빈번했다. 이와 같이 금융 시장 자체가 분열되어 금융 시장의 자금 수급 조절 기능이 약화되었다([표 1-21] 참조).

이러한 사금융 자본은 은행이 민영화되기 시작한 1980년대 이후 지속되어 금융 기관을 통한 투자 자금으로 들어가지 않고, 단기 부

[표 1-21] 은행 예금액 대 사금융 시장 추정 규모 비교(1964~1978) (단위 : 억 원)

구 분	경상 GNP	은행 예금 잔액 (GNP 비중)	사금융 시장 규모 (GNP 비중)
1965	8,057	784(9.7%)	204(2.5%)
1966	10,370	1,209(11.7%)	226(2.2%)
1967	12,812	2,051(16.0%)	389(3.0%)
1968	16,529	3,716(22.5%)	782(4.7%)

1969	21,553	6,188(28.7%)	1,933(9.0%)
1970	26,840	7,881(29.5%)	3,281(12.2%)
1971	32,948	9,769(29.8%)	4,119(12.5%)
1972	40,289	13,238(33.1%)	3,746(9.3%)
1973	52,383	17,535(33.5%)	4,611(8.8%)
1974	73,332	21,286(29.0%)	N.A
1975	97,929	28,123(28.7%)	N.A
1976	132,726	37,614(28.3%)	N.A
1977	170,214	54,572(32.1%)	N.A
1978	229,176	77,667(33.9%)	10,000[1](4.4%)

자료 : 한국은행, 경제 통계 연보(1982), 한국의 자금 순환(1978)

[표 1-22] 단기 부동 자금 규모 추이(1993~2002)   (단위 : 원)

구 분	명목 GDP	금융 자산 규모 (GDP 비중)	단기 부동 자금		
			가계	기업	합계 (GDP 비중)
1993	291조	1,303조(4.5배)	81조	39조	120조(41%)
1994	340조	1,562조(4.6배)	99조	48조	148조(43%)
1995	399조	1,852조(4.6배)	114조	55조	169조(42%)
1996	449조	2,202조(4.9배)	128조	61조	189조(42%)
1997	491조	2,791조(5.7배)	149조	70조	220조(45%)
1998	484조	3,018조(6.2배)	164조	74조	238조(49%)
1999	529조	3,267조(6.2배)	205조	85조	290조(55%)
2000	579조	3,592조(6.2배)	272조	102조	374조(65%)
2001	622조	4,004조(6.4배)	310조	117조	427조(69%)
2002	684조	4,386조(6.4배)	354조	127조	481조(70%)

자료 : 한국은행, 자금순환 계정

---

1) 동아일보 신문기사(1979) 참조 내용.

동 자금[2]으로 전환하여 고수익을 찾아 증권, 부동산 등 자산 시장을
수시로 옮겨 다니면서 금융 시장의 이상 과열 현상을 초래하는 등
금융 경색과 경제 불안을 심화시키는 결과를 초래하였다.

2) 금융 산업의 위기 상황

한국의 금융 기관, 특히 은행 기관들은 1980년대 이래 민영화되었
다고는 하지만, 소유의 민간화일 뿐 운영 면(인사권, 금리 결정 등)에
서는 여전히 정부에 예속되어 있는 상황이었다.

1993년 출범한 김영삼 정부는 취임 원년에 '금융 자율화 및 시장
개방 계획'을 발표한 후 이를 본격적으로 추진하였다. 그 내용은 금
리 자유화와 자본 자유화를 기본 골격으로 한다.

1) 금리 자유화의 경우, 은행 수신은 장기 수신 금리에서 단기 수
신 금리 순으로, 여신은 단기 여신에서 장기 정책 금리 순으로의 단
계적인 자유화를 담고 있으며, 2) 자본 자유화의 내용은 상업 차관이
나 국내 회사채 시장 개방보다는 우리나라 기업의 해외 직접 금융
시장에서의 주식 및 사채 발행을 우선적으로 자유화하는 데 있었다.

---

2) 1993년 8월 금융 실명제 실시 이후 사금융 시장 자본이 제도 금융권으로 흡
   수되지 않은 채 지하 자금으로 계속 존재한다고 하지만 그 존재 유무 및 규모
   를 추정하기는 어려운 상황이다. 또한 금융 실명제 이후 제도 금융권으로 흡
   수되었지만, 단기의 높은 수익을 찾아 자산 시장을 옮겨 다니는 '단기 부동
   자금'을 금융 실명제 이전 사금융 시장 자본의 대체 개념으로 서술하였다.

금리 및 자본 자유화 결과 첫째, 국내보다 현저히 낮은 해외 금리를 이용해 해외 신용도가 높은 국내 기업의 해외 차입금이 급증하였다. 둘째, 은행 간 고수익 여신에 대한 경쟁이 심화되자 신용도가 높은 기업들은 금리가 낮은 단기 금융 시장에서의 차입을 확대하여, 은행의 부채 구조는 장기화한 반면 자산 구조는 단기화되어 은행의 원래 기능인 단기 부채를 장기 자산으로 전환하는 기능이 감소하였고 은행의 수익 구조가 악화되는 결과를 초래하였다. 셋째, 국내 금융 기관들은 수익성 제고를 위해 상대적으로 차입이 자유롭고, 금리가 싼 해외 단기 자금을 차입하여 장기로 운용하였다. 이로 인해 장·단기 외화의 만기가 불일치하는 현상을 유발하였으며, 아울러 총 외채에서 단기 외채가 차지하는 비중이 증가하였다.

이처럼 금융 시장의 자율성을 높이려는 정부의 노력에도 불구하고 금융 기관, 특히 은행들은 여전히 실질적인 주인이 없는 상황이었으며, 은행들은 정부의 암묵적인 지급 보증에 따른 안전망['정부가 재벌들을 도산시키지 않을 것'(대마불사)]에 대한 믿음으로 위험성을 제대로 고려하지 않고 수익률이 높은 부문에 무분별하게 투자하였다.

금융 부문의 이러한 분위기에 편승하여 한국의 제조 기업들(특히 재벌)은 팽창 위주의 정책을 버리지 않은 채 경쟁적으로 차입을 일으켜, 설비 확장에 나섰다.

금융과 실물 부문의 과다한 차입 구조는 경기가 호황일 경우에는 차입자인 제조 기업들의 큰 이익에 묻혀 버릴 수 있으나, 경기가 불황

[표 1-23] 1997년 전후의 주요 경제 지표 추이

구 분	1993	1994	1995	1996	1997	1998
경제 성장률(%)	5.7	8.4	8.2	4.8	2.4	-7.1
(제조업)	5.4	10.8	11.3	6.8	6.6	-7.2
최종 소비 지출	5.4	7.1	8.2	7.2	3.2	-8.2
총 고정 자본 형성	6.3	10.7	11.9	7.3	-2.2	-21.1
수출	11.3	16.1	24.6	11.2	21.4	13.3
수입	6.2	21.6	22.4	14.2	3.2	-22.0
경상 수지(억 달러)	9.9	-38.7	-85.1	-230.0	-81.7	403.6
생산자 물가 상승률(%)	1.5	2.7	4.7	3.2	3.9	12.2
소비자 물가 상승률(%)	4.8	6.2	4.5	4.9	7.5	0.8
총 통화 증가율(평잔)(%)	18.6	15.6	15.5	16.2	19.2	19.0
재정 수지/GDP(%)	0.08	0.53	0.45	0.03	-0.02	-2.97

자료 : 한국은행, 경제통계연보(각호)

[표 1-24] 차입 주체별 총 대외 지불 부담 구조 (단위 : 기말 기준, 억 달러)

구 분	1992	1993	1994	1995	1996	1997
공공 부문	56 <8.9>	38 <5.7>	36 <4.0>	30 <2.5>	24 <1.5>	180 <11.7>
민간 부문	137 <21.8>	157 <23.4>	200 <22.6>	261 <21.8>	356 <22.6>	423 <27.4>
금융 부문	436 <69.3>	475 <70.9>	651 <73.4>	905 <75.6>	1,195 <75.9>	941 <60.9>
총 대외 지불 부담	629	670	887	1,197	1,575	1,544

주 : < >내는 구성비(%)
자료 : 한국은행 국제부(1998)

[표 1-25] 제조업 부채 비율 등 추이
(단위 : %)

구 분	1990	1991	1992	1993	1994	1995	1996	1997
유동 비율	99.44	95.33	92.75	94.13	94.59	95.39	91.89	91.77
부채 비율	282.52	306.68	318.73	294.88	302.52	286.75	317.11	396.25
금융 비용 부담률	5.12	5.69	6.31	5.93	5.64	5.57	5.84	6.39
총 자산 순이익률	1.48	1.41	0.89	1.04	1.90	2.83	0.50	-0.93

자료 : 한국은행, 기업경영분석(각호)

으로 바뀌면 산업 부문의 부실이 발생하게 되고 기업의 도산으로 연결되어, 금융 부문의 연쇄 부실로 이어지는 악순환이 계속되게 된다.

결국 이러한 우려는 현실화되어 1996년 반도체 경기 침체와 엔화의 평가 절하 차로 경기가 하락하면서 기업의 투자 수익률은 1995년 15%에서 1996년 2%대로 급격히 떨어지고 부채 비율도 급격히 증가하게 되었다.

한편, 차입자들에 대한 대출 심사를 제대로 하지 않은 금융 기관들은 부실한 차입자들에게 계속 차입을 연장해 줌으로써 부실 대출 규모를 은폐하려 하고, 이 과정에서 금융 기관은 신규 자본을 확보하기 위해 더 높은 수신 금리를 제시하였다. 그러나 이것은 금융 기관의 부실을 가속화시켜 결국 유동성 위기에 처한 후 구제 조치를 요청하는 상황으로까지 치달았다.

1961년 박정희 정부 때부터 시작된 관치 금융의 역사는 결국 1997년 말 IMF 외환 위기를 초래하면서 막을 내렸다.

(3) 외국 자본의 도입 상황 및 실태[3]

1997년 외환 위기 이후 기업 및 금융 기관의 구조 조정 과정에서 외국 자본이 크게 유입되었고, 이러한 외국 자본은 국내 기업 및 금융 기관의 신용 경색 해소와 신속한 구조 조정에 상당 부분 기여하였다. 그러나 헤지 펀드 및 사모 주식 펀드 등 일부 투기성 외국 자본의 경우 단기 투자 이익 극대화를 위한 무리한 구조 조정과 고율 배당, 유상 감자 등으로 고용 구조 및 국내 기업의 장기 성장성을 약화시키고 적대적 M&A 위협을 통해 기업의 경영 안정성을 저해하는 한편, 위험 회피 성향으로 금융 부문의 산업 자금 공급 기능을 위축시키는 등 여러 가지 문제점을 야기한 것도 사실이다.

국내에 유입된 외국 자본을 파악할 때는 투기 자본(헤지 펀드 및 사모 주식 펀드)과 투자 자본을 구별할 필요성이 있는데, 투기 자본은 다시 크게 대부분 주식·채권·선물 및 수익 증권 등에 대한 간접 투자로 유입되는 헤지 펀드와 대부분 직접 투자로 유입되는 사모 주식 펀드로 분류하는 것이 일반적이다. 구체적으로 이들 외국 투기 자본을 파악할 수는 없으나 직접 투자 및 간접 투자의 추이를 통해 간접적으로 외국인 투기 자본의 규모 및 성향을 파악할 수 있다.

외국 자본의 간접 투자 및 직접 투자는 외환 위기 직후 급증하여

---

3) 외국인 투자는 직접 투자(FDI : Foreign Direct Investment)와 간접 투자(Portfolio Investment)로 구분된다. 이는 다시 투자와 투기로 각각 구분할 수 있는데, 직접 투자의 투기에 해당하는 것은 외국인 사모 주식 펀드, 간접 투자의 투기에 해당하는 것은 헤지 펀드로 볼 수 있다.

[표 1-26] 외국인 투자 순 유입액 추이
(단위 : 억 달러)

구 분	1998	1999	2000	2001	2002	2003
직접 투자	50.4	94.4	85.8	36.9	29.5	14.8
간접 투자	47.8	55.0	113.1	75.1	-8.3	135.2
합계	98.2	149.4	198.9	112.0	21.2	150.0

자료 : 산업자원부, 한국은행

2000년 순 유입액이 200억 달러에 달하였으나, 이후 유입 규모가 감소하여 2002년에는 순 유입액이 약 21억 달러까지 줄어들었다. 그러나 2003년에는 순 유입액이 150억 달러로 다시 증가했는데, 이는 간접 투자의 증가에 따른 것으로 직접 투자는 지속적으로 감소하고 있는 추세다.

외국인 직접 투자 및 간접 투자는 대부분 그 결과가 주식 매입으로 나타나게 되는데, 2004년 10월 말 외국인의 상장 주식 보유액은 163조 4,952억 원으로 전체 상장 주식 시가 총액의 42.5%에 달하였다. 이 같은 외국인 보유 비중은 헝가리, 핀란드, 멕시코에 이어 세계에서 네 번째로 높으며, 외국인 보유 주식 규모도 미국, 영국, 일본, 프랑스, 호주, 독일에 이어 일곱 번째로 높다.

[표 1-27] 외국인 상장 주식 보유 비중 추이
(단위 : %)

구 분	1997	1999	2000	2001	2002	2003	2004
시가 총액 기준	14.6	21.9	30.1	36.6	36.0	40.1	42.5

자료 : 금융감독원

1) 외국인 직접 투자

외국인 직접 투자는 1991~1997년 연평균 약 15억 달러에 불과하였으나 외환 위기 이후 급증하여 1999~2000년에는 매년 100억 달러를 상회하였다.

그러나 외국인 직접 투자는 2001년 이후 감소 추세로 돌아서 2003년에는 24억 달러에 불과하였다. 반면 회수율은 2001년 이후 크게 증가하였는데, 이는 구조 조정 과정에서 유입된 자금 중 상당 부분이 단기적인 자본 이득을 목적으로 한 투기성 자본임을 시사한다.

한편 외국인 직접 투자의 구성을 보면 2001년 이후 공장 설립 등 창업 투자 비중이 급격히 감소하는 반면, 사모 주식 펀드가 주요 투자 전략으로 삼고 있는 인수 합병(M&A) 비중이 증가하는 추세이

[표 1-28] 외국인 직접 투자 및 회수액 추이 (단위 : 백만 달러)

기 간	직접 투자액(A)	출자금 회수(B)	순 투자액(A−B)	회수율(B/A)
1962~1990	5,863	678	5,185	12%
1991~1997	10,481	1,558	8,923	15%
1998	5,290	250	5,040	5%
1999	10,814	1,371	9,443	13%
2000	10,192	1,616	8,576	16%
2001	4,894	1,204	3,690	25%
2002	3,709	762	2,947	21%
2003	2,446	965	1,481	39%

자료 : 산업자원부

[표 1-29] FDI에서 M&A가 차지하는 비중 (단위 : %)

구 분	1998	1999	2000	2001	2002	2003
전체	76.9	70.5	82.4	72.6	54.5	53.1
선진국	93.8	82.0	95.3	86.8	62.8	65.6
후진국	42.6	31.9	28.0	39.1	28.3	24.5
아시아	15.7	25.6	15.2	30.8	18.4	22.0
중국	1.8	5.9	5.5	5.0	3.9	7.1
한국	19.0	16.3	14.4	17.8	23.7	46.5

자료 : UNCTAD, 산업자원부

다. 외국인 직접 투자에서 **M&A**가 차지하는 비중은 선진국이 높고 후진국이 낮은데, 우리나라는 선진국과 후진국의 중간 수준이다.

2) 외국인 간접 투자

외국인의 간접 투자도 외환 위기 직후 급증하여 2000년에 약 113억 달러(순 유입액 기준)를 기록한 이후 감소세로 반전하였으나 2003년에 다시 135억 달러로 증가하였다.

외국인 간접 투자의 유형을 살펴보면 투자 회사(52.1%), 은행(20.4%), 연기금(10.6%) 등 장기 투자 성향의 자금이 주류를 이루고 있으며 이 가운데 헤지 펀드로 추정되는 자본의 비중은 약 3%에 불과한 것으로 알려져 있다.

[표 1-30] 외국인 간접 투자의 유형별 추이   (단위 : 백만 달러)

구 분	투자 회사	금융 기관	연기금	헤지 펀드	기타 법인	개인 등	합계
2001	3,839	703	1,691	452	660	163	7,508
2002	1,402	-1,783	366	-356	-262	-195	-828
2003	9,893	-630	110	416	3,798	-72	13,515

자료 : 한국은행

(4) 한국 금융 산업의 재건책

1997년 IMF 외환 위기 이후 김대중 정부(1998년 2월 출범)는 부실 은행들을 시장에서 퇴출시키는 방식의 금융 산업 구조 조정을 전개하였다. 그 결과 1997년 말 대비 2004년 10월 현재와 비교하여 전체 금융 회사의 35%가 사라졌다([표 1-31] 참조).

단순히 금융 기관의 수만 감소한 것이 아니라, 자산의 건전성 및 수익성이 개선되었다. 자산의 건전성은 1) 자산에서 부실 채권이 차지하는 비율인 고정 이하 여신 비율로 볼 때 1997년 말 13.6%에서 2003년 말 2.6%로 11%p 개선되는 결과와 2) 일반 은행의 BIS 비율이 1997년 말 7.04%에서 2003년 말 10.86%로 3.82%p 개선되는 결과를 보여 주었다. 수익성은 일반 은행의 경우 1998년 말 -12.5조 원의 당기 순 손실에서 2003년 말 0.8조 원의 흑자로 전환하였다.

이와 같이 금융 기관 자산의 건전성 및 수익성이 개선되었다고는 하지만, 여전히 금융 산업 내에는 불안 요소들이 존재해 있는데, 1) 금융 시장의 불확실성에 대한 위기 관리 시스템이 제대로 준비되지 않

[표 1-31] 금융 기관 수의 변화

금융 권별	1997년 말 기관 수	구조 조정 현황				신설 등	2004년 10월 현재 기관 수	증감 기관 수 (증감률)
		인가 취소	합병	해산·파산, 영업 이전 등	계			
은행	33	5	10	–	15	1	19	-14 (-42%)
비은행	2,068	156	156	504	816	87	1,339	-729 (-35%)
종금	30	22	7	–	29	1	2	-28 (-93%)
증권	36	5	4	3	12	18	42	-6 (17%)
보험	50	10	6	3	19	19	50	- (-)
투신	30	6	2	–	8	23	45	15 (50%)
상호저축은행	231	101	27	1	129	12	113	-118 (-51%)
신용협동조합	1,666	2	108	496	606	9	1,069	-597 (36%)
리스	25	10	2	1	13	6	18	-7 (-28%)
합계	2,101	161	166	504	831	88	1,358	-743 (-35%)

자료 : 한국금융연구원, 금융 산업의 구조 변화와 발전 과제(2004)

은 관계로 수익성의 불확실성이 존재하며, 2) 앞 장에서 서술한 바와 같이 1997년 외환 위기 이후 국내에 들어온 외국 투기 자본으로 인한 금융 시장의 불안정은 더욱 증가하였다고 볼 수 있다.

또한 세계 금융 산업의 큰 흐름은 업종 간 벽이 무너지면서 겸업화 및 대형화를 추구하는 형태로 나아가고 있다.

내부적 금융 불안 요소를 잠재우고, 외부 금융 산업 추세를 극복할 수 있는 방법은 우리 금융 산업의 위기를 초래했던 원인들을 해결하고, 세계의 우수한 금융 기관들을 벤치마킹하여 도출된 시사점에서 찾을 수 있을 것이다.

먼저 우리 금융 산업의 위기를 초래한 큰 원인이었던, 실질적인 주인의 부재로 인한 책임 경영 체제가 구축되지 못했던 것에 대해서는 소유 구조와 지배 구조, 두 가지 측면을 고려해야 한다. 먼저 소유 구조를 들여다보면, 현재는 주식 시장을 통해 소유의 분산이 어느 정도 이루어졌다고 볼 수 있겠다. 하지만, 외국인 투기 자본의 과다한 보유로 인해 금융 시장의 불안 요소가 존재하고 있으므로 금융 당국은 국내 금융 산업에 진출하는 외국 자본 국가를 다변화하여 자본 진출국의 경제 불안에 따라 국내 금융 산업의 안정성이 악영향을 받게 되는 사태를 미연에 방지하여야 할 것이다. 특히 우리나라의 경제 상황과 밀접히 연관되어 있는 국가의 자본일수록 해당 국가의 경제 불안이 우리나라에 전염될 위험이 크다는 것을 염두에 둘 필요가 있다.

다음으로 지배 구조를 들 수 있는데, 이제 정부가 은행장을 선임하는 시대가 지난 상황에서 각 은행별로 생산성 및 효율성을 향상시키려는 자구 노력이 수반되어야 하겠다. 이를 위해서 금융 기관들은 리스크 관리를 정상화하고, 리스크 중심의 감독 방식을 정착하여 해외 금융 기관과 경쟁할 수 있는 대내외적 역량을 갖추어야 할 것이다.

마지막으로 주요 선진국들의 금융 기관들을 벤치마킹하여 보면 선진 대형 은행들은 펀드, 연기금, 보험사 등 기관 투자자가 주식의 대부분을 보유하게 하여 장기 안정적인 주주군을 형성하며, 안정적인 금융 산업 발전을 유지하게 하고 있다.

참고로 주요 선진국의 은행 주식 소유 현황을 살펴보면, 미국의 경우 은행 주식은 대부분 은행 지주 회사가 보유하며 주요 은행 지주 회사의 최대 주주는 투자 회사이다. 예를 들면, 피델리티(Fidelity Management)는 시티 그룹, J.P. 모건, 웰스파고, 뱅크원의 최대 주주이다. 영국의 경우도 기관 투자자의 지분 비중이 80% 이상이다. 예를 들면, 바클레이스은행은 89.6%가, 스코틀랜드왕립은행은 82.3%가 기관 투자자 지분이다.

따라서 장기적인 금융 산업의 발전을 위해서는 기관 투자자 중심의 금융 자본을 적극적으로 육성하여 금융업을 영위케 하는 것이 바람직하다(기관 투자자 양성에 대해서는 뒤에서 보다 자세히 이야기하겠다).

5. 한국 주식 시장의 특수성과 실태

금융 시장은 크게 두 가지로 나누어 볼 수 있다. 하나는 예금과 대출을 통한 자금 거래로, 이 경우 은행과 같은 금융 기관이 매개 역할을 하기 때문에 이를 간접 금융 시장이라고 부르고, 다른 하나는 증권(주식 및 채권)을 이용한 자금 거래로 자금 수요자와 자금 공급자 간에 금융 기관의 매개 없이 직접적으로 이루어지기 때문에 직접 금융 시장이라고 부른다.

앞 장에서는 은행을 중심으로 한 간접 금융 시장의 성장사 등을 다루었고, 이번 장에서는 증권 시장을 중심으로 직접 금융 시장의 성장사를 다루고자 한다. 아울러 간접 금융 시장과 마찬가지로 직접 금융 시장에서 외국인 자본의 유입으로 인한 문제점 등을 언급하고, 이에 대한 경영권 방어를 위한 조치 및 실례, 그리고 마지막으로 증권 시장의 안정화를 위한 기관 투자자 양성의 필요성에 대해 설명하겠다.

(1) 증권 시장[4]의 성장

한국의 증권 시장은 전비 조달을 위한 공채 소화를 주목적으로 1943년 일본인에 의해 설립된 조선증권거래소로부터 비롯된다. 조선증권거래소는 광복 직후인 1946년 초에 폐쇄되었으며, 그 후 10년 동안 채권은 증권 회사 간에 비조직적인 방법으로 거래되고 점두 거래 방식으로 개인에게 매출되었다.

그러다가 1956년 3월에 은행, 보험 회사, 증권 회사 들의 공동 출자로 대한증권거래소가 설립되었다. 그러나 대한증권거래소는 신주나 사채의 발행 및 유통을 원활히 수행할 만한 제도적 기반을 갖추지 못했고, 상장된 주식도 시중 은행주 등 불과 12개 사에 불과하였는데 이의 대부분이 정부 소유여서 거래가 미미하였다. 그 결과 증권거래소는 단지 국채 시장으로서의 기능만을 수행하는 데 그쳤다.

제1차 경제개발 5개년 계획이 착수된 1962년에 정부는 국내 저축의 동원 수단으로 증권 시장을 육성키로 하였고, 그 결과 1) 증권 거래법을 제정하여 증권거래소가 현대적 증권 시장의 최소한의 기본을 갖출 수 있도록 하였으며, 2) 증권거래소를 주식회사 체제로 개편하여 증권 시장이 종래의 국채 시장에서 주식 시장으로 진일보하게

---

4) 증권 시장에서 거래되는 증권의 종류는 크게 만기와 상환 금액이 정해져 있는 채권과 그렇지 못한 주식으로 나눌 수 있으며, 그 밖에 이들 본원적 증권을 기초로 한 파생적 증권인 수익 증권, 선물, 옵션, 전환 사채 등도 증권의 범주에 포함된다. 그런데 이 중에서 주식이 증권 시장에서 거래되는 증권의 상징적 존재이기 때문에 증권 시장과 주식 시장을 흔히 혼용해 사용하기도 한다.

되었다.

그러나 앞 장에서 언급한 바와 같이 당시는 정부 주도의 경제 개발 과정에 있었다. 이 과정에서 부족한 투자 재원을 은행 차입이나 외국 기관에 의존하였고 이들의 원리금 상환이 도래한 1960년대 말에는 기업의 자금난이 심각한 이슈로 제기되기에 이르렀다. 이에 정부는 증권 시장의 발전을 통하여 일반 국민으로부터 장기 산업 자금을 조달함으로써 간접 금융에 치우친 기업 금융을 정상화하고 기업 재무 구조의 개선을 도모하고자 1968년 '자본 시장 육성에 관한 법률' 제정에서 1972년 '기업 공개 촉진법'에 이르기까지 일련의 증권 시장 육성책을 마련하였다. 이에 따라 1973년부터는 기업 공개 확대를 통하여 발행 시장이 활성화되는 등 증권 시장의 규모와 저변이 크게 확대되기에 이르렀으나, 1979년 제2차 석유 파동 및 중동 특수의 마감으로 인한 건설주의 급락 등으로 증권 시장은 장기 침체 국면을 맞이하였다.

1981년부터 경제 안정 기조 하에 점차 경기가 회복되어, 이후 지속적으로 경제 규모의 확대와 경제 구조의 고도화가 진행됨에 따라 정부는 금융 규제 완화 및 금융 자율화를 꾸준히 추진하였다. 구체적으로 1981년 1월 단계적인 '자본 시장 국제화 계획'을 수립·발표하였으며, 1987년 4월에는 주식 장외 시장을 개설하여 유망 중소기업의 자금 조달 기회를 제고시키려 했다. 또한 점차적으로 종업원 지주 제도를 확충했으며 국민주를 개발·보급하여 국민의 공기업에 대한 주인 의식을 고취시키고 그간의 성장에서 축적된 이익을 환원

[표 1-32] 국내 자본 시장 규모 추이 (단위 : 십억 원)

구분	상장 회사 수		주가 지수		시가 총액			채권 상장 잔액(B)	합계 (A+B)
	거래소	코스닥	거래소	코스닥	거래소	코스닥	소계(A)		
1963	15				10		10		10 (2%)
1972	66				246		246	69	315 (7.5%)
1973	104				426		426	126	552 (10.1%)
1980	352		107		2,523		2,523	2,545	5,068 (13.1%)
1989	626		910		95,477		95,477	43,490	138,967 (89.8%)
1990	669		696		79,020		79,020	51,117	130,137 (69.7%)
1995	721		883		141,151		141,151	125,998	267,149 (67.0%)
2000	704	604	505	526	188,042	29,016	217,058	424,684	641,742 (110.9%)
2003	684	879	811	449	355,363	37,375	392,738	607,295	1,000,033 (138%)
2004	683	890	896	380	412,588	31,149	443,737	661,351	1,105,088 (142%)

주) 종합 주가 지수 : 1980. 1. 4. = 100, 코스닥 지수 : 1996. 7. 1. = 1,000, 합계 괄호 값은 GDP 대비 비중
자료 : 증권거래소

하고자 노력했다. 6월부터 매매 수수료를 0.6~0.9%에서 0.3~0.6%로 대폭 인하함과 동시에 허용된 범위 내에서 증권 회사가 자율적으로 부과하도록 함으로써 경쟁 체제를 강화시켰다. 아울러 '증권 업무 자율화 및 사후 감독 강화 방안'을 발표하여 증권 업무 운용에 자율·경쟁·책임의 조화를 통해 증권 시장이 본연의 기능과 역할을 할 수 있도록 했다. 1992년부터는 외국인의 국내 상장 주식에 대한 직접 투자가 허용되어 본격적인 증권 시장 개방이 시작되었다.

1996년 7월에는 중소기업 및 벤처 기업의 직접 자금 조달을 위한 금융 시장 창구로서 코스닥 시장을 개설하였다. 2005년 1월에는 기존 증권 거래소, 코스닥 시장, 선물 거래소를 통합하여 한국증권선물거래소가 탄생했다.

한국 증권 시장의 현재 위상을 세계 시장과 견주어 이야기하면, 1) 현물 부문은 유가 증권 시장과 코스닥 시장이 합치면서 상장 회사 수가 1,571개(2004년 12월 말 기준)로 증가했고, 거래 대금이 813조 원으로 세계 10위권에 랭크되어 있으며, 2) 선물·옵션 부문은 총 19개 품목이 거래되고 선물 거래량은 세계 9위, 옵션 거래량

[표 1-33] 증권 시장을 통한 자금 조달 규모 추이 (단위 : 십억 원)

구 분	주 식			회사채	합 계
	공모	유상 증자	소계		
1968	0.2	20	20		20
1969	2	6	8		8
1972	1	14	15	10	25
1973	22	30	52	4	56
1980	0.4	171	171	964	1,135
1989	3,545	11,224	14,769	6,959	21,728
1990	336	2,582	2,918	11,084	14,002
1995	683	5,584	6,267	23,598	29,865
2000	3,985	10,364	14,349	58,663	73,012
2003	2,870	8,281	11,151	61,758	72,909
2004	2,787	5,577	8,364	50,379	58,743

자료 : 한국은행

은 KOSPI 200 옵션의 활발한 거래에 힘입어 세계 1위를 고수하고 있다.

(2) 외국인 자본의 과다

1997년 IMF 외환 위기를 계기로 외국인의 주식 보유 비중 상한 제도가 폐지된 이후 외국인의 주식 보유 비중은 추세적으로 증가하여, 2004년 말 현재 42% 수준에 이르렀다. 외국인 주식 보유 비중이 40%를 상회하는 국가는 핀란드, 멕시코, 헝가리 등이며, 국제적으로 그 예가 많지 않다.

외국인 자본은 외환 위기 이후 국내 기업 및 금융 기관의 신용 경색 해소와 신속한 구조 조정에 상당 부분 기여하였다. 그러나 과다한 외국인 자본 유입으로 인해 1) 단기 투자 이익 극대화를 위한 무리한 구조 조정과 고율 배당, 유상 감자 등으로 국내 기업의 장기 성장성을 약화시키고, 2) 적대적 M&A 위협을 통해 기업의 경영 안정성을 저해하는 등 여러 가지 문제점을 노출시키고 있다는 우려를 자

[표 1-34] 주식 시장 외국인 주식 보유 비중 추이(시가 총액 대비) (단위 : %)

구 분	1995	1996	1997	1998	1999	2000	2001	2002	2003	2004
거래소	12	13	14	18	22	30	37	36	40	42
코스닥	N.A	N.A	N.A	N.A	7	7	10	11	14	15
합계	12	13	14	18	18	27	32	33	38	40

자료 : 증권선물거래소

[표 1-35] 주요 국가의 외국인 주식 비중
(단위 : %)

지 역	국가	2001	2002	최근	비고
아메리카	멕시코	43.4	42.6	46.4	2003. 11.
	미국	10.0	10.3	10.3	2003. 6.
	브라질	7.4	6.3	7.0	2003. 8.
유럽	헝가리	72.9	71.8	72.6	2003. 9.
	핀란드	62.6	51.7	55.7	2003. 11.
	프랑스	39.3	39.2	38.8	2003. 3.
	벨기에	32.0	35.5	32.4	2003. 6.
	영국	31.9	32.1	32.1	2003. 12.
	그리스	23.9	28.7	28.5	2003. 6.
	이탈리아	16.5	N.A	16.5	2003. 12.
아시아	한국	36.6	36.0	42.0	2003. 12.
	대만	12.4	16.3	23.1	2003. 11.
	인도네시아	7.3	8.6	8.6	2003. 3.
	일본	18.3	17.7	17.7	2003. 3.

자료 : 한국증권연구원(2004)

아내고 있다.

다음은 외국인 자본의 유입으로 인한 우려 사항들과 투기성 외국
자본으로 인한 문제점에 대해 거론하고자 한다.

1) 투자 대상 기업의 장기 성장성 약화

국내 기업들의 외국인 투자 지분율이 지속적으로 증가하면서 이들

[표 1-36] 상장 기업 외국인 배당 추이

(단위 : 십억 원)

구 분	당기 순이익(A)	배당금 총액(B)	배당 성향 (B/A, %)	외국인 배당금(%)	외국인 주식 비중(%)
2001	17,826	3,848	21.6	1,205(31.3)	36.6
2002	30,782	5,885	19.1	2,104(35.8)	36.0
2003	29,410	7,227	24.6	2,704(37.4)	40.1
2004	49,267	10,141	20.6	4,832(47.7)	42.0

자료 : 증권선물거래소

외국인 주주들에 대한 고액 배당금 지급으로 인해 국내 기업의 장기 성장성이 약화되지 않을까 하는 우려[5]가 증가하고 있다. 이러한 우려는 구체적으로 1) 외국인 주주에 대한 고액 배당으로 인한 국부 유출, 2) 기업의 자금 조달상의 문제로 인한 투자 위축 가능성으로 볼 수 있겠다. 먼저 외국인 주주에 대한 고액 배당으로 인한 국부 유출 가능성에 대해 보면, [표 1-36], [표 1-37]에서 볼 수 있듯이 외국인 주주에게 지급된 배당금의 수준은 증권거래소에서의 외국인 주식 보유 비중과 거의 비슷한 수준을 나타내고 있으며, 외국인에게 배당금을 많이 지급한 기업들은 한국 자본 시장의 대표적인 대형·우량 기업들로서 동시에 외국인의 보유 비중이 가장 높은 기업들이다.

요약하면, 외국인 투자자들이 대형·우량 기업에 집중적으로 투자

---

5) 외국인 주식 지분 증가로 인한 배당 증가 및 설비 투자 감소 등 그 진위에 대해서는 연구소 간 의견이 분분하나, 외국인 투기 자본의 폐해에 대해서는 의견이 일치한다.

[표 1-37] 2004년 외국인 배당금 총액 상위사 현황

(단위 : 십억 원)

구 분	배당금 총액(A)	외국인 배당금(B)	비중 (B/A, %)	배당 성향(%)
삼성전자	1,564	982	62.8	14.5
포스코	644	483	75.0	16.8
KT	632	418	66.1	50.4
SK텔레콤	758	410	54.1	50.7
S-Oil	400	263	65.7	42.5
한국전력공사	724	224	30.9	25.1
현대자동차	326	166	50.9	18.3
KT&G	237	157	66.2	50.2
신한금융 지주회사	348	145	41.7	33.1
국민은행	169	141	83.4	30.4
SK	232	127	54.7	14.2
LG전자	235	101	43	15.2
하나은행	132	99	75.0	9.8
대림산업	95	65	68.4	22.8
현대모비스	128	55	43.0	18.4

자료 : 증권선물거래소

하여 배당금을 회수하는 것으로 볼 수 있는데, 이는 정상적인 투자 활동으로 보아야 할 것이다. 아울러 그로 인해 국내 주주 역시 동일하게 고액의 배당 수익을 누리는 것이므로, 이를 문제 삼을 수는 없을 것이다.

다음으로 국내 기업의 투자 위축 가능성을 보면, 단기 투자 성과를 중시하는 외국인 주주의 압력이 설비 투자를 위축시키는 요인으로

[표 1-38] 제조업 설비 투자 추이 (단위 : 십억 원, %)

구 분	고정 자산		유형 자산		외국인 주식 비중
	금액	전년 대비 증감률	금액	전년 대비 증감률	
1998	322,584	11	226,308	13	18
1999	368,707	14	251,047	11	22
2000	357,109	-3	252,617	1	30
2001	350,605	-2	246,435	-2	37
2002	356,262	2	249,553	1	36
2003	368,206	2	258,854	4	40

자료 : 한국은행

작용한다는 주장이 있으나, 기본적으로 경기 침체 및 투자 환경의 불확실성 증가 등으로 인한 기업의 설비 투자가 부진했을 뿐이지 외국인 주식 보유 비중이 증가하여 설비 투자가 위축되었는지에 대해서는 실질적인 증거가 부족한 것이 현제 상황이다.

그러나 외국인 투기 자본의 대표격인 사모 주식 펀드의 경우, 단기 투기 자본의 성격상 투기 자금의 조기 회수를 위하여 무리한 감원, 핵심 자산 매각, 고액 배당, 무상 증자에 뒤이은 유상 감자 등을 시도하는 경우가 많은데, 이러한 시도는 대부분 현행법상 적법하게 이루어졌다. 그러나 서울증권, 브릿지증권, 만도기계, OB맥주 등의 사례에서 보듯이 해당 기업의 수명 단축, 성장성 저해, 외부 불경기 발생 등 여러 가지 부작용을 초래한 것이 사실이다.

[표 1-39] 외국인들의 자본 회수 사례

회 사	형 식	내 용
브릿지 증권	고배당 및 유상 감자	− 대주주 BIH의 전신인 KOL이 1999년 리젠트증권 (현 브릿지증권)을 통해 70% 고배당으로 200억 원 회수 − BIH는 2002년 브릿지증권 출범 후 세 차례 유상 감자로 600억 원 회수 − BIH는 2004년 6월 유상 감자를 통해 1,125억 원 회수
(주)만도	유상 감자	− 대주주인 JP모건 자회사 선세이지가 2002년 두 번에 걸 쳐 우선주 대상의 유상 감자를 통해 950억 원 회수 − 2003년 보통주 대상 유상 감자로 760억 원 회수
OB맥주	유상 감자	− 지분율 95%인 벨기에 인터브루가 자본금 60% 유상 감자 통해 1,600억 원 회수
메리츠 증권	고배당	− 2004년 대주주인 홍콩계 펀드 파마는 주당 700원 현금 배당 결의, 총 현금 배당액이 순이익의 두 배 넘는 234 억 원 기록
서울증권	고배당	− 2002년 대주주인 퀀텀인터내셔널펀드는 액면가(2,500원)의 60%에 이르는 주당 1,500원의 고배당으로 267억 원 이상 의 투자 자금 회수

자료 : 중앙일보(2005. 5. 4.)

2) 기업의 경영 안정성 저해

주식 시장에서 외국인의 비중이 높아짐에 따라 투기성 외국 자본에 의한 경영 간섭 및 적대적 M&A 가능성이 커지는 등 부작용이 발생하고 있다. 대한상공회의소가 2004년 5월 증권거래소 상위 200개 기업을 조사한 결과, 응답 기업의 12%가 외국인 주주의 경영 간섭으로 애로를 겪었다고 응답하였고, 그 사유로는 응답자의 47%가 설비 투자 대신 배당을 요구받았다는 점을 들었다.

투기성 외국 자본 등에 의한 경영권 위협은 기본적으로 기업의 경

[표 1-40] 공시, 직·간접적 의결권 행사를 통한 자본 이득 실현 사례

회사	내용
소버린	- 정관 변경을 위한 임시 주주 총회 개최 및 기업 지배 구조 개선 요구 - 1,700여억 원 투자로 최근까지 약 9,000억 원의 평가 차익 발생
헤르메스	- 삼성물산이 보유하고 있는 삼성전자 지분 매각 및 우선주 소각 요구 - 적대적 M&A 시도 세력과의 연대 가능성을 언론에 보도 후 전략 주식 매각(300억 원 평가 차익 발생)

자료 : 전국경제인연합회, 「국내 기업의 경영권 안정을 위한 보완 과제」(2004)

영이 효율적이고 주주 중심으로 투명하게 이루어지게 한다는 점에서는 큰 문제가 되지 않지만, 현실적으로 기업 입장에서는 경영권이 위협받는 상황이 나타날 경우 공격적인 투자보다는 경영권을 방어하기 위한 고율 배당, 자사주 매입 등으로 투자 자금을 사용하려는 유인이 높아질 수밖에 없다. 특히 국내 대규모 기입 집단이 국가 경제에서 차지하는 비중과 역할, 첨단 산업에 대한 대규모 투자 등을 고려할 때 대규모 기업 집단에 대한 경영권 위협은 국가 경제에 미치는 영향이 매우 크다. 한편 이를 이용하여 투기성 외국 자본은 상당한 평가 차익 또는 매매 차익을 얻고 있는데, (주)SK와 소버린 간의 경영권 분쟁과 삼성물산에 대해 적대적 M&A 가능성을 흘려 주가를 띄우고 매매 차익을 실현한 것으로 의심받고 있는 헤르메스 등이 대표적인 사례라고 할 수 있다.

(3) 경영권 방어를 위한 조치

우리나라는 과거 상장 기업의 경영권을 보호하는 정책에서 벗어나 1997년부터 적대적 M&A가 가능하도록 제도를 정비하였다.

그 내용들을 살펴보면 1994년 1월 개정되기 이전의 증권거래법에 따르면 외국인의 경우 상장 주식의 10% 이상 취득이 제한되어 있어 외국 자본으로부터 상장 기업의 경영권이 크게 보호되었으나, 1997년 4월 폐지되었다. 이 규정은 1997년 1월에는 25% 이상 주식을 매수하고자 하는 자는 의무적으로 50%＋1주까지 공개 매수의 방법을 통해서만 주식을 매수하도록 하는 '의무 공개 매수 제도'를 도입하였다. 그러나 이 제도가 부실 기업의 구조 조정에 걸림돌이 된다는 지적이 있었고 IMF가 적대적 M&A의 허용을 요구함에 따라 1998년 2월 폐지하였다. 그런데 이와 아울러 공개 매수 기간 중 신주 발행을 금지함으로써 적대적 M&A에 대한 방어가 한층 어렵게 되었다. 외국인의 국내 주식 취득에 대해 해당 회사 이사회의 동의를 거치도록 한 제도도 1998년 9월 완전 폐지되었고, 2조 원 이상의 기업에 대한 외국인 인수를 재경부장관이 허가하도록 한 규정도 폐지되었다.

이러한 상황에서 현행법상 적대적 M&A 방어 수단으로 가능한 방법은 다음과 같다. 첫째, 자사주를 매입하여 주가를 상승시킴으로써 인수 비용을 높이고 매수 가능한 주식 수를 축소시키는 방법이다. 둘째, 우리 사주 조합 결성, 여타 주요 주주와 우호적인 의결권 행사 계약 체결, 또는 기관 투자자, 채권 은행, 거래 기업 등 잠재적

[표 1-41] 상장 법인의 자사주 보유 추이 (단위 : 십억 원)

구 분	2001년 말	2002년 말	2003년 말	2004년 5월 7일
전체 시가 총액	255,850	258,681	355,362	374,059
보유 금액	8,204	13,659	18,132	19,139
보유 비중	3.21%	5.28%	5.10%	5.12%

자료 : 증권선물거래소

인 우호 세력을 확보하는 방법 등이 있다.

이러한 방어 장치는 차등 의결권, 독소 조항, 황금주 등을 통해 경영권을 보호하는 유럽과 미국 등에 비해서도 미흡한 수준이다.

결국 투기성 외국 자본에 의한 적대적 M&A 시도에 대응하여 국내 기업이 적절한 경영권 방어 장치를 도입할 수 있도록 근거를 마련해 주거나 정관 변경 등을 통해 각 기업이 상법 등 관련 법규가 허용하는 범위 내에서 합리적인 경영권 보호 장치를 도입하도록 유도할 필요가 있다.

법률 개정 이외에 국내 기업들도 소수의 지분만을 보유한 오너들의 이른바 '황제식 경영'으로 인한 비민주적이고 권위주의적인 경영 방식, 기업보다 오너의 사적 이익을 우선시하는 문화 등을 버리고, 주주 중시 경영 철학을 실천하여 내부 통제 시스템을 강화해야 하며,

[표 1-42] 주요 국가의 차등 의결권 제도 기업 도입 현황 (단위 : %)

국가명	미국	영국	독일	스웨덴	EU
도입 비율	11.5	23.9	17.6	55.4	20.1

자료 : 대한상공회의소(2004)

윤리 경영·투명 경영을 통해 자본 시장에서 존경받는 기업 이미지
를 확립할 필요가 있다.

(4) 기관 투자자의 양성

한 국가의 주식 시장에서 기관 투자자의 역할은 대단히 중요하다.
미국의 경우 기관 투자자의 투자 비율이 55%에 달하고, 일본의 경
우도 40%에 달하는 것만 보아도 알 수 있다. 한 국가의 기관 투자자
비율은 그 나라 주식 시장이 기관 투자자에 의해서 안전하게 운영되
고 있다는 것을 의미한다. 주식 시장뿐이 아니고 개별 기업의 경영
에도 절대적인 영향력을 가지는 것이다. 자본주의 시장 경제에서 시
장의 주체인 기업의 경영 형태를 결정하는 데 기관 투자자의 역할은
대단히 중요하다.

자본주의 시장 경제 체제 하에서 대기업의 자본과 경영의 분리는
대원칙이다. 미국과 일본 기타 선진 국가의 많은 대기업에서 자본과
경영이 분리돼 있는 것은 기관 투자자의 역할이 오랜 시장 기능 속

[표 1-43] 주요 국가의 주식 시장 기관 투자자 비중 (단위 : %)

구분	1960	1970	1980	1990	2001
미국	11.5	28.1	34.4	44.5	54.5
독일	9.0	11.0	15.0	22.0	33.5
일본	-	-	40.5	48.0	40.0

자료 : 한국증권연구소(2005)

[표 1-44] 한국 주식 시장의 기관 투자자 비중   (단위 : %)

구 분	1999	2000	2001	2002	2003	2004
거래소	17	16	16	16	17	18
코스닥	5	20	13	11	6	9
합계	14	16	15	15	16	17

자료 : 증권선물거래소

에서 확립돼 있기 때문이다. 서구 자본주의의 역사를 백 년이라고 한다면 그동안 시장 기능에 의해 확립된 것이 기관 투자자의 역할이라 할 수 있겠다. 따라서 기관 투자자의 역할은 주식 시장에 상장돼 있는 개개 기업의 경영권 확립에 기여할 뿐 아니라 주식 시장의 안전적인 운영에도 절대적인 역할을 하는 것이다.

우리나라 주식 시장의 기관 투자자 비중이 17%에 불과하다는 것은 주식 시장의 안정 운영에 결함 요소를 지니고 있다는 것을 의미한다. 또한 우리나라 주식 시장에 투자돼 있는 외국 자본의 비중이 40%를 넘었다는 사실은 우리나라 주식 시장이 외국 자본에 의해 좌우될 가능성이 많다는 것을 의미한다. 현재 상장돼 있는 개개 기업의 주식 보유 비율을 봐도 외국인 자본이 50%를 초과하는 사례가 허다하다. 외국인 자본에 의해 주식 시장이 좌지우지될 위험을 배제할 수 없다.

우리나라는 기관 투자자의 형성이 미약한 대신 상장돼 있는 대기업은 거의가 오너 경영 체제이다. 오너 경영의 공과에 관해서는 다른 장에서 충분히 언급했지만 기관 투자자의 기능이 확립될 때까지

[표 1-45] 외국인 지분율 상위 기업
(단위 : %)

회사명	지분율	회사명	지분율	회사명	지분율
국민은행	78	하나은행	66	삼성전자	58
일성건설	73	신한지주	64	부산은행	56
외환은행	71	삼성화재	61	현대자동차	56
포스코	70	SK	61	대구은행	54
유니퀘스트	69	에스원	61	신세계	54
대림산업	68	제일기획	59	한독약품	53

자료 : 한국경제신문(2004. 9. 3.)

는 오너 경영 체제로 갈 수밖에 없는 것이 또한 현실이다. 오너 경영 체제인 대기업들도 주식 시장에서는 적대적 M&A의 위험에 노출돼 있다. 이렇듯 우리나라 주식 시장의 긴급 과제인 기관 투자자의 양성 방안이 강구돼야 하는데도 소홀히 다루어지고 있다. 주식 시장의 국내 자본에 의한 안전적인 운용뿐 아니라 장차 대기업이 오너 경영 체제에서 탈피하기 위해서도 기관 투자자에 의한 경영 확립의 기능은 필수적이다.

그렇다면 기관 투자자의 양성은 어떤 방법으로 이루어질 수 있을까.

첫째, 주식 문화가 성숙되어야 한다. 기관 투자자를 통한 개인의 간접 주식 확대 없이는 기관 투자자의 주식 투자 비중을 확대하기 어렵다. 이를 위해서는 기본적으로 주식 문화가 성숙되어야 하는데, 주식 시장에 대한 개인과 기업의 인식이 변해야 한다. 개인들은 주식을 투기가 아니라 장기 저축의 수단으로 이해해야 한다. 이를 위해서는 개인의 실물 자산 선호 경향을 완화시킬 필요가 있으며, 결국 장기적인 시각에서 부동산 정책이 효과적으로 수립되어야 할 것이다. 또한 기업의 경우, 주주 중시 경영을 정착시켜야 한다. 사외 이사 제도 등 기업 지배 구조 개선을 통해 경영의 투명성을 높이고, 합리적 배당 정책을 통해 소액 주주들이 합당한 대우를 받는 풍토가 정착되어야 한다. 감독 당국도 시장 규율이 제대로 작동할 수 있도록 공시 제도의 강화 등 감독의 효율성을 높여야 할 것이다.

둘째, 기업 연금 제도의 조속한 도입과 연기금 등 기관 투자자의 주식 투자 확대 및 장기 투자 유도이다. 미국 등 주요국에서 주식 시장이 활성화된 계기가 연금 제도의 개편이었다는 점에서 기업 연금 제도의 도입은 바람직하다고 생각된다. 특히 사회 안전망이 취약한 우리나라의 경우 더욱 그러하다. 최근 연기금의 주식 투자를 늘려야 한다는 압력이 강화되고 있는데, 이에 대해서도 긍정적인 검토가 필요하다. 그리고 수익 증권 등 주식 관련 상품의 만기기 통상 1년으로 되어 있는데, 이를 개선하여 펀드 운영의 장기화를 유도하여야 할 것이다.

(5) 제언

한 가지 정책 제안을 하면, 우리나라 자금 시장의 부동자금 총액이 400조에 달한다고 한다. 이것은 은행 금리가 낮고, 주식 시장의 안전성 부족에서 비롯되었다고 할 수 있겠다. 이런 부동자금이 작용하는 부동산 시장의 과열을 정부가 우려하는 것은 당연한 일일 것이다. 그렇다고 부동산 정책을 강화하다 보면 건설 경기의 불황이 국내 경기에 심대한 영향을 주게 되는 것이다. 부동산 투기를 부추기는 부동자금을 그대로 둔다면 어떤 건설 정책도 부작용만 커질 뿐이다. 부동자금 400조를 장기 금융에 흡수해서 기관 투자자가 역할을 하기 위한 정책을 강구할 필요가 있다. 상장 주식의 총액을 700조로 추산할 때 그 중 10%를 새로운 기관 투자로 돌리자면 70조가 된다. 70조를 나누어 연 20조 정도를 기관 투자자가 될 수 있는 각급 금융 기관이 중기 채권으로 흡수하는 방안이다. 그러기 위해서는 인수에 특혜적인 요건이 필요할 것이다.

첫째는 무기명 중장기 채권 발행이고, 둘째는 무세 증권이다. 다소 모럴 해저드(Moral Hazard)적인 요소는 있겠지만 우리나라 주식 시장의 기관 투자자의 비중을 3년 내에 30%정도로 끌어올린다는 효과는 지대한 것이다. 첫째, 부동자금이 건설 경기에 주는 투기 요소를 완화할 수 있고, 둘째, 주식 시장에서의 외국 자본을 견제할 뿐 아니라 대기업이 오너 경영에서 벗어날 수 있는 계기가 될 수 있다. 우리나라 자금 시장의 일대 혁명이라 할 수 있다.

1. 한국 산업 구조의 왜곡 현상

(1) 경제 지표와 현실의 차이

최근 경제 지표(재고 동향, 동행 지수, 선행 지수) 등이 경기가 바닥을 지나서 회복된다는 신호를 보내고 있다. 우리 경제가 오랜 침체기를 겪어 왔기에 빈가운 일이 아닐 수 없으나 섣불리 경기의 반전을 논하기에는 이른 감이 있다. 경제 지표, 어쩌면 경제학의 가장 큰 맹점은 다른 모든 조건들이 같다('Other things being equal')고 가정할 때만 현실에서 의미를 가진다는 것이다. 같은 수치의 경제 지표라 하더라도 1970년대 고성장 시대의 지표와 현재의 지표는 그 의미가 사뭇 다를 수밖에 없다. 즉, 경제 지표들은 단기적이고 부분적인 변화에 대해서 의미 있는 신호를 줄 수 있으나 그 수치에만 의존해서는 장기적이고 구조적인 변화의 흐름을 보지 못할 수 있는 것이다. 경제 지표는 좋아지고 있으나 정작 경제의 주체인 기업과 개인들이 느끼는 체감 경기는 전혀 개선되지 않고 오히려 악화되고 있는 것이 그 단적인 예라고 하겠다.

　IMF 이후 우리 사회와 경제는 매우 크고 급격한 변화를 겪고 있으며 여기서 발생한 우리 경제의 구조적인 문제들은 상당수 해결되지 않은 채로 남아 있다. 이런 상황에서 경제 지표에 근거한 경기 낙관론이 자칫 우리 경제의 구조적인 문제들이 해결된 것으로 오인되지 않을까 우려된다.

(2) 경제 선순환 고리의 단절과 중소기업의 부진

　한국 산업 구조의 특징 중 하나는 GDP 대비 제조업 수출의 비중과 제조업의 고용 비중이 높다는 것이다.

　따라서 한국 경제의 여러 지표가 좋아지는 것은 제조 업체들의 생산과 판매가 활발해지고 수출이 잘된다는 것과 비슷하다. 문제는 언제부터인지 이러한 수출 호조가 국내 경기로 이어지는 선순환에 심각한 금이 가기 시작했다는 것이다. 수출이 잘될 때는 그 효과를 여러 다른 부문으로 파급시켜 경제가 전반적으로 성장해야 한다. 그래야만 경제에 활력이 넘치고 지속적으로 건전하게 성장할 수 있다.

[표 2-1] 제조업 수출의 고용 비중(2001년)

(단위 : %)

구분	한국	미국	일본	영국	독일
제조업 수출/GDP	35.2	6.6	8.9	19.2	19.2
제조업의 고용 비중	26.0	12.7	20.3	14.9	22.4

자료 : 삼성경제연구소

쉽게 말해서 기업이 수출을 잘해서 돈을 벌어 오면 이것으로 다시 국내에 투자도 하고 고용도 늘려야 한다. 투자와 고용이 확대되면 자연스럽게 소득이 증가하고, 이것이 소비 증가로 이어져 기업의 활동이 더 활발해지는 것이 경제가 성장하고 경기가 좋아지는 선순환의 고리이다. 최근 수출이 호조를 보이고 각종 지표들이 호조되고 있음에도 불구하고 경제 성장률은 낮고 내수 경기는 침체되는 현상이 계속되는데, 이것은 바로 이런 선순환의 고리가 약하기 때문에 나타나는 현상이 아닌가 한다.

우리가 익히 알다시피 우리의 수출 품목은 반도체, 통신 기기 등 주력 품목 몇 가지에 편중되어 있고, 대부분 굴지의 대기업들이 장악하고 있다. 반면에 부품이나 설비, 원천 기술 방면은 매우 취약하고 이를 담당해야 할 중소기업들도 세계적인 경쟁력을 갖추지 못해 점점 부품이나 설비의 수입 의존도가 높아지는 상황이다.

중소기업은 흔히 한 국가 경제의 근간이라고 말할 정도로 고용 효과나 내수 경기에 많은 영향을 미친다. 우리나라 중소 제조 업체가 전체 제조업 고용에서 차지하는 비율은 2000년 현재 73.9%로 미국(39.1%), 영국(50.3%), 독일(68.3%) 등 서구 선진국에 비하여 월등히 높고 일본(72.4%), 대만(80.0%)과 비슷한 수준이다. 우리의 수출 주력 품목들은 이미 국제 경쟁력을 갖추고 있고 세계 경제가 회복되고 중국 시장이 급성장하면서 호황을 맞고 있다.

하지만 수출이 몇 가지 주력 품목으로 편중되어 파급 효과가 약하고 부품, 소재 산업이 취약하다 보니 수출 호조와 생산 확대가 국산 부품, 설비 구매로 연결되지 않고 있다. 또한 우리의 주력 수출 상품들은 대부분 대규모 설비를 가지고 경쟁하는 품목들로, 생산성 향상 속도가 빨라서 성장에 따른 고용 창출 효과가 적다는 특징이 있다. 때문에 수출이 최대의 호황을 맞아도 국내 소비자들의 소득은 크게 늘지 않고 체감 경기가 오히려 악화되는 것이 아닌가 싶다.

[표 2-2]를 보면, 경제가 회복 국면에 접어들어도 그 수혜는 대부분 일부 대기업에 집중되고 정작 고용의 많은 부분을 차지하고 있는 중소기업은 대기업에 비해 오히려 상대적 소득 수준이 낮아지고 있다는 것을 알 수 있다. 이러한 격차로 인해 대부분의 개인들은 오히려 경기가 악화되었다고 느끼고 자연스럽게 소비도 줄여서 전반적

[표 2-2] 기업 규모별(고용인 기준) 월평균 임금 수준 추이 (단위 : 만 원, %)

구분	2003		2002		2001	
	월평균 임금	격차*	월평균 임금	격차	월평균 임금	격차
5~9인	154.3 (5.2)	100.0	144.6 (9.1)	100.0	134.4 (5.1)	100.0
30~99인	200.5 (8.0)	129.9	185.6 (10.5)	126.6	168.0 (7.2)	125.0
100~299인	223.0 (7.9)	144.5	206.7 (15.8)	140.9	178.5 (4.2)	132.8
500인 이상	304.3 (11.9)	197.2	271.8 (17.5)	185.4	231.3 (5.4)	172.1

주 : *격차는 5~9인 규모의 사업체 평균 임금을 100으로 하여 각 기업 규모별 임금을 비교하기 위한 것. ( )는 전년 동기 대비 증가율.
자료 : 노동부, 「매월 노동 통계조사」(2004. 3. 3.)

인 내수 부진으로 연결되는 것이다.

(3) 기업들의 투자 의욕 상실

중소기업의 부진과 더불어 기업들이 국내 투자 의욕을 상실한 것도 체감 경기가 계속 악화되는 주요한 원인이다. 과거 대기업들은 사업에서 이익이 생기면 주저하지 않고 확장 투자를 하거나 다른 사업으로 다각화를 꾀하였다. 이런 투자와 다각화가 지나쳐 많은 부실을 양산하기도 했지만 국내 경기의 선순환에 긍정적인 역할을 한 것 또한 사실이다.

하지만 최근 들어 기업들은 신사업 진출이나 모험적 투자를 하기보다는 부채를 상환하고 현금을 보유하려 하고 있다. 2003년 수출 호조로 대규모 이익을 낸 삼성전자, 현대자동차, 섬성SDI의 현금 보유 규모는 총 13조 7,000천 억을 상회하는 규모이며 포스코는 2003년 순이익 1조 9,800억 중 약 40%(8,800억)를 부채 상환에 사용하였다. 경영 환경이 급변할 때에 대비하여 현금을 많이 보유하는 것도 기업 전략의 하나이지만 최근 우리 대기업들의 현금 보유 규모는 외국의 우량 기업들과 비교해도 과도한 감이 있다.

이러한 투자 부진과 현금 보유의 원인으로는 몇 가지를 들 수 있다. 소버린과 SK, KCC와 현대그룹의 경영권 분쟁 등이 기업들의 경영권 방어를 위한 현금 보유 필요성을 늘린 것, 출자총액제한제도 등 투자에 대한 규제로 다각화가 어려워진 것 등이 쉽게 생각할 수 있는 이유이다.

하지만 이보다 더 근본적인 이유는 한국이 우리 기업들에게조차 사업하기에 매력 있는 국가가 아니라는 데 있다. 우리나라의 임금은 경쟁국보다 높은 반면(2002년 우리나라 제조업 생산직 근로자의 시간당 노동 비용은 9.16달러로 7.27달러의 싱가포르, 5.70달러의 대만에 비해 높은 수준임) 노사 관계와 노동 시장 유연성은 경쟁국인 일본과 대만, 심지어 중국에 비해서도 크게 뒤처져 있는 상태이다. 또한 우리나라의 노사 분규에 따른 작업 손실일(인구 1천 명당)은 30.7일로 일본 0.3일의 100배 이상(1990~2001년 평균, 삼성경제연구소) 되니 비교조차 할 수 없다.

또한, 투자에 대한 정부의 규제가 많이 완화되었다고는 하나 외국 기업과의 역차별에까지 문제가 이르면 한국에 투자를 하기보다 해외 진출을 택하는 기업들의 심정이 이해가 간다.

인건비 비중이 중요하거나 수요처와의 근접성이 중요한 생산 기지의 경우 해외 진출이 당연히 필요할 것이다. 하지만 우리보다 먼저 해외 진출을 경험한 일본의 예에서 보듯이 모든 산업에 생산 기

[표 2-3] 경쟁국과의 노사 관계 관련 순위 비교

구분	한국	중국	일본	대만
노사 관계	30위	20위	1위	3위
노동 시장 유연성	25위	13위	14위	6위

주 : 노사 관계는 노사 분규, 근로 의욕, 근로자 교육 등을 포함한다.
자료 : MID, The World Competitiveness Yearbook, 2003.

지의 해외 이전이 필요한 것은 아니며 일본 내에서도 거뜬히 경쟁력을 유지하는 기업들도 많다. 단순히 대세라는 이유로 조금만 신경을 쓰고 환경을 개선해 주면 국내에서 잘 경쟁할 수 있는 기업들을 해외로 쫓아내고 있는 것은 아닌지 우려된다.

(4) 국내 민간 소비 환경의 변화

최근 우리나라 민간 소비는 장기간 마이너스 성장을 하는 등 만성적인 내수 불황의 주요 요인으로 지목되고 있다. 개인의 소비 수준은 현재의 소득 수준보다는 미래의 기대 소득 수준에 더 많은 영향을 받는다. 지금 당장 수입이 좋지 않더라도 향후에 높은 수입이 예상된다면 현재 소득의 상당 부분을 부담 없이 지출할 것이다. 반대로 지금 많은 수입이 있다 하더라도 미래가 불확실하고 불안하다면 소득의 대부분을 미래로 이연시키는 것이 일반적이다.

경제가 고성장을 구가하고 있을 때에는 개인들의 미래에 대한 불확실성이 상당히 해소된다. 반면 저성장에 접어들면 미래에 대한 불확실성이 높아지면서 개인들이 지갑을 닫기 시작한다. 따라서 IMF 이후 민간 소비가 급격히 위축된 것은 당연한 일이다.

이런 경제적인 이유에 더하여 한국 사회는 세계에 유례가 없을 정도로 급격히 고령화 사회로 변모하고 있다. 베이비 붐 세대(1955~1965년생)가 40, 50대에 진입하고 IMF 이후 평생 직장의 개념이 사라지면서 베이비 붐 세대의 다수가 충분한 사회 보장 시스템을 갖추지 못한 상태에서 노년에 진입할 가능성이 높아졌다. 국민연금이 도입되었으나 시기가 문제일 뿐 곧 어떤 식으로든지 더 내고 덜 받는 쪽으로 가는 것이 불가피하다는 것은 모두가 알고 있는 사실이다. 또한 국민연금은 최저 생활을 보장해 줄 뿐 노후에 대한 근본적인 대책이 되지 못한다. 또한 퇴직 연금이 2005년에 도입될 예정이었으나 다수의 베이비 붐 세대에게는 적립 기간이 충분하지 않아 실질적인 수혜를 기대하기 어려운 상황이다. 따라서 현재 40대 이상의 중장년층은 소득 수준에 상관없이 노후에 대한 많은 부담을 가지고 있고, 이는 내수에 부정적일 수밖에 없다. 노후에 대한 근본적인 대책이 마련되기까지 이러한 양상은 계속될 것이고 민간 소비 위축은 주요한 원인으로 남아 있을 것이다.

　최근 들어 개인들이 부담하는 조세와 사회 보장 비용이 크게 증가한 것이나 해외 유학, 해외여행 등으로 해외 소비가 증가한 것도 심각한 문제이다. 세금과 국민연금, 의료보험 등의 부담은 늘어나는 데 반해 교육, 의료, 레저 등 다양한 부문에서 소비자의 욕구를 국내에서 흡수하지 못하고 있다. 중학교 때부터 교육을 위해 자식과 아내를 외국에 보내 놓고 기러기 부부가 된 가장이 상당수이며, 동남아의 골프장 손님의 태반은 한국 사람들이다. 또한 출산이나 기타 치료를 위해 미국에 가는 것이 더 이상 희귀한 일이 아니게 되었다. 국제 수지가 악화되는 것도 문제이지만 더 심각한 것은 국내 경기 회복의 중요한 걸림돌이 되고 가계의 양극화 현상을 심화시킨다는 것이다. 돈 있는 사람들이 국내에서 소비를 해야 상대적으로 빈곤한 사람들의 소득도 높아지고 사회 전체의 소득 수준도 올라가서 빈부 차에 의한 사회 갈등이 약화된다. 여러 가지 면에서 국내 소비를 진작시킬 수 있는 총체적 방안이 시급하다고 하겠다.

(5) 경제 현상과 경제 지표에 대한 접근

앞서 간단히 경제 지표와 현실 경제의 괴리에 대해 이야기하였다. 다소 부정적인 측면을 부각한 면이 있으나 이는 경제에 대한 부정적인 견해를 피력하기 위함이 아니라, 경제 지표에 나타난 일시적인 회복 국면에 안주하기에는 우리 경제가 안고 있는 문제가 산적해 있다는 것을 강조하기 위함이다.

실제로 IMF 이후 우리는 고성장 시대에 자각하지 못하고 지나쳐 왔던 구조적인 문제들을 한꺼번에 맞이하였으며 많은 고통과 노력을 통해 극복하는 과정에 있다. 문제들 중 일부는 해결되기도 했으나 부품 소재, 설비 산업의 육성, 대기업과 중소기업의 불균형, 노동 시장의 경쟁력 제고, 내수 시장의 만성적 불황 등 가야 할 길이 먼 것이 우리 경제의 현실이다. 많은 경우 우리가 자주 접하는 경제 지표가 더 큰 구조적인 문제들을 적절히 반영하지 못할 수도 있다. 따라서, 경제 지표의 성적과 별도로 우리 경제가 나아가야 할 방향을 제시하고 각 경제 주체들의 역량을 꾸준히 집결시키는 리더십이 필요한 시점이라고 하겠다.

2. 대기업의 오너 경영 실태

(1) 대기업의 분식 경영 실태

분식이란 '화장을 한다', '덧칠을 한다'는 뜻으로 분식 회계는 회사의 상태를 실제보다 좋게 보이도록 꾸미는 것을 말한다. 여인이 미를 위해서 화장을 하고 싶은 것처럼 경영자에게 자기 기업을 더 좋게 보이도록 하고 싶은 것은 쉽게 떨치기 어려운 유혹이다. 특히 주주, 채권자, 감독 기관 등 여러 이해 관계자들이 기업의 성과에 즉각적으로 민감하게 반응하는 현대의 기업 환경 속에서는 더욱 그러할 것이다. 하지만 분식 회계는 많은 선의의 피해자를 만들고 엄청난 혼란을 야기할 수 있는 심각한 범죄 행위로, 절대로 용인되어서는 안 된다. 분식 회계의 엄청난 파장을 잘 보여 주는 예가 바로 미국의 엔론 사태이다.

엔론이 회계 분식을 통해 직접적으로 은닉한 금액은 15억 달러인 것으로 알려져 있다. 하지만 분식 의혹이 제기되기 시작한 3분기 실적 발표 당시 33.8달러였던 주가는 11월 말에 1.1달러로 폭락하게 된다. 연이어 터진 SEC의 내부자 거래 조사, 회계 장부 재작성, 합병 실패 등의 악재로 엔론은 회생 불가능의 상태로 치닫게 된다. 부실의 시발이 되었던 지난해 3/4분기 실적 발표 이후 두 달이 채 못 되어 엔론은 법원에 파산 보호 신청을 하게 된다. 이 과정에서 이해 당사자가 입은 손실은 분식 금액과는 비교가 되지 않는 막대한 것이었다. 주주의 경우 630억 달러, 채권자 176억 달러, 파생 상품 거래 당사자는 40억 달러에 달하는 손실을 입은 것으로 추정되고 있다. 더불어 또 하나의 회계 분식 주체인 회계 법인의 경우도 파산의 길을 걷게 된다. 90년의 역사를 자랑하는 아더 앤더슨은 이 사건으로 40여 건의 소송에 휘말리면서 전체 2,300여 고객 가운데 785개사가 계약을 파기하고 6,000명에 달하는 직원을 해고하는 등의 시련을 겪게 된다.

(자료 : LG 경제연구원, 김상일, 2002. 07. 24, 주간경제 683호)

이처럼 분식 회계는 여러 이해 관계자와 시장 참여자에게 분식 규모보다 훨씬 큰 피해를 광범위하게 끼칠 수 있다는 점에서 기업의 여타 부정 스캔들보다 심각하다. 무엇보다 분식 회계는 그것이 용인되어졌다는 사실만으로도 전체 경제 시스템에 대한 신뢰성에 매우 큰 악영향을 미친다. 과거 우리나라나 최근 미국의 경우에서 보듯이 한 국가 내 몇몇 기업의 회계 부정 사건이 국가 신용도 하락이나 대규모 국제 자본의 유출 등으로 확대되는 것은 이러한 내용을 반영하

[표 2-4] 주요 분식 회계 사건

기 업	분식 규모	분식 회계 연도
한보철강	6,920억 원	1990~1996
기아자동차	30,148억 원	1991~1997
아시아자동차	15,588억 원	1991~1997
동아건설	7,140억 원	1997
대우계열 12개사	229,000억 원	1997~1998

자료 : 최명수, 『뒤집어보는 경제 회계 부정 이야기』, 굿인포메이션(2003)

는 것이다.

분식 회계, 분식 경영의 이러한 심각성에도 불구하고 우리 기업들, 특히 대기업들이 과거부터 분식 회계를 자행해 왔다는 것은 공공연한 비밀이다. IMF 전후로 많은 기업이 도산하면서 회계 부정이 표면화되기도 했다.

이런 대규모의 회계 부정, 분식 경영은 많은 파장과 피해를 야기했지만 그 사례가 비단 우리나라에만 한정된 것이 아니기 때문에 한국 경제만의 특징적인 문제라고는 볼 수 없다. 다만 한국 경제의 문제점은 일부 비도덕적인 기업뿐만 아니라 일반 기업들까지도 당연한 것처럼 분식 회계를 자행해 왔다는 점에 있다.

외국인들이 한국 증시에 관해 자주 거론하는 코리아 디스카운트(Korea Discount)도 한국 기업들에 광범위하게 나타나는 분식 회계 때문에 재무제표와 실적을 믿을 수 없다는 불안감에서 연유한 바가 크다. 실제로 한국 기업의 주가는 유사한 환경에 있는 다른 나라의 기업과 비교했을 때 일반적으로 훨씬 낮게 나타난다. 이런 현상의 요인으로는 기업 지배 구조의 불투명성, 증시의 불공정 행위, 한반도 정세와 정치 불안 등 여러 가지 요인이 있겠지만 회계의 불투명성이 큰 부분을 차지하고 있었음을 부인하기 어렵다.

그러면 한국 기업들은 왜 관행처럼 분식 경영을 해 왔는가 하는 의문이 든다. 이 질문에 대해 한국 기업들과 경영자들이 타 국가보다 특별히 더 비도덕적이기 때문이라고 생각하기는 힘들다. 세계적으로 자본 시장이 발달한 선진 국가에서보다는 경제 발달이 상대적으로 뒤처진 후진국에서 분식 회계가 더 빈번하고 심각하게 나타나고 있기 때문이다. 따라서 우리 기업의 분식 경영에 대해 윤리적인 비판만 하기보다는 이와 함께 분식 회계가 성행할 수 있었던 배경과 구조적인 문제에 대해서도 살펴보아야 할 것이다.

우리 경제 성장에 가장 큰 변수로 작용했던 정부 성책의 변화와 특성을 고려할 때, 기업들이 본격적인 분식 회계를 하게 된 것은 정부가 강한 수출 위주의 경제 정책을 펴고 그에 따라 종합상사들이 등장하면서부터이다. 자본이 부족했던 과거 한국에서 기업들이 성장하기 위해서는 자본보다 부채에 의존할 수밖에 없었다는 것을 앞에서 이미 살펴보았다. 이 과정에서 은행에 강력한 통제권을 가지고 있었던 정부는 은행 대출의 분배를 통해 경제 정책을 집행하였고 이런 정부의 시책에 편승하지 못하는 기업은 쉽게 도태되었던 것이 한국 경제 발전사의 한 단면이다.

1973년 오일 쇼크 이후 악화된 수출 환경의 타개책으로 정부는 일

[표 2-5] 연도별 종합 무역 상사 지정 회사

연도	종합무역상사 지정 회사
1975	삼성물산, 대우실업, (주)쌍용, 국제상사, 한일합섬
1976	효성물산, 반도상사, SK, 삼화, 금호실업
1978	현대종합상사, 율산실업, 고려무역

자료 : 삼성경제연구소, 한국 대규모 기업 집단의 소유·경영·지배의 투명화

본의 종합무역상사제를 정책적으로 도입하였다. 즉, 오일 쇼크를 겪으면서 외화 비축의 필요성을 절감한 정부가 부족한 외화를 획득하기 위해 수출을 많이 하도록 독려하는 정책을 편 것이다. 1975년 정부가 발표한 종합무역상사는 해외 지사 10개 이상, 자본금 10억 원 이상, 7개 품목(품목당 50만 달러 이상) 이상 수출 실적의 조건을 갖추고 있어야 했다. 이에 따라 삼성물산을 필두로 국내 굴지의 기업들이 앞 다투어 종합무역상사 체제를 갖추게 되었다.

종합무역상사에는 국제 입찰 참여 시 정부 보증 등을 통해 우선 지원하고, 원자재 수입 우선권 부여, 수출 신용장 담보부 금융 지원 등 많은 특혜가 주어졌다. 또한 종합무역상사들은 달러당 공식 환율이었던 480원(1976년 기준) 대신 420원을, 17%에 달했던 일반 은행 대출 금리 대신 8%라는 금리를 적용받았다. 높은 수출 실적을 가진 몇몇 업체들은 신용 대출을 받기 위해 신용장을 제시하는 것조차 면제받기도 했다. 이 같은 특혜는 정부가 전제적인 권력을 행사할 수 있을 때만이 가능한 것으로, 자유 경쟁 원리에 정면으로 위배되는 것이었다. 수혜 기업은 은행에서 돈을 빌려서 다시 예금하기만

해도 연 10% 이상의 이율이 보장될 정도였으니 수혜를 위해 가능한 모든 방법을 동원하는 것은 당연한 일이었을 것이다.

이때부터 종합무역상사들은 성장이 아니면 죽음이라는 강박 관념을 가지고 앞 다투어 외형 확장에 혼신의 힘을 기울였다. 자연히 그룹들은 계열사 수출을 종합상사에 전담시키면서 매출을 이중으로 산정하고 이익도 부풀리는 등 분식 회계를 자행하게 되었다. 정부는 계속해서 큰 외형과 성장 위주의 정책을 집행하면서 이에 부합하는 기업에 각종 특혜를 주고, 은행에서는 기업의 정확한 경영 상태나 재무 구조를 진단하기보다는 정부 시책 위주로 대출을 단순 집행하다 보니 기업으로선 분식 회계를 할 강력한 유인이 있었던 셈이다.

더하여, 우리나라 기업과 같이 차입 위주의 경영 환경에서는 굳이 외형 성장에 따른 특혜가 없더라도 분식 회계의 유혹을 피하기가 힘들다. 즉, 자본 시장에서 자금을 차입할 때 매출액이 많고 순이익이 높으면, 또 재무 구조가 좋으면 우량 기업으로 인정되어 자금 차입이 쉬울 뿐만 아니라 차입 자금에 대해 지불해야 하는 금리가 낮아져 금융 비용을 절감할 수 있게 된다. 은행이나 회계 법인이 이를 감독하고 제재할 수 있는 시스템이 갖추어져 있으면 쉽사리 분식 회계를 할 수 없겠지만 우리나라의 경우 은행이나 회계 법인이 오히려 분식 회계를 방치하는 역할을 담당하기도 했다.

1970년대 이후로도 기업이 분식 회계의 유혹을 피할 수 없는 환경은 계속되었다. 관치 금융으로 인해 굳어진 은행의 느슨하고 무책임한 대출 관행이 계속되었고, 금융 감독 기관의 기업과 회계 감사 법인 간의 밀월 관계를 막는 감독 시스템과 제재 조치가 미흡하여 부실 회계 가능성을 간접적으로 용인해 준 결과가 되고 말았다. 국내 기업의 경우 상장 등록 법인의 21%가 외부 감사 회계 법인으로부터 컨설팅 서비스를 제공받고 있다. 따라서 컨설팅 서비스를 받는 대신 '봐주기식 감사'의 특혜를 누릴 가능성이 높아진다. 기업들 역시 자신에게 유리한 평가를 내릴 것으로 보이는 회계 감사 법인과 계약을 하는 소위 '오피니언 쇼핑(opinion shopping)'을 하면서 거리낌 없이 분식 경영을 하게 되었다. 전형적인 '좋은 게 좋다'는 사고방식으로 모두가 뻔히 아는 사실을 묵인하여 온 것이다.

(2) 대기업의 투명 경영 방법

IMF 이후 투명성, 주주 중시 경영 등이 화두가 되면서 과거와 같은 분식 경영은 상당 부분 사라졌고, 회계 법인의 감사도 철저해졌다. 하지만 과거 분식 경영의 영향이 남아 있어 쉽게 털어 내지 못하는 분식의 결과가 많이 남아 있는 것이 현실이다. 어떤 사항들은 시간이 지나면 자연스럽게 해소되는 성격의 분식도 있지만 개중에는 그 결과가 누적되어 대규모의 손실이나 부실을 인정하지 않으면 털어 낼 수 없는 분식들도 많다. 마치 한 번 거짓말을 한 후에 그 사실을 들키지 않으려고 점점 더 큰 거짓말을 하게 되고 종래에는 일이 너무 커져서 도저히 사실을 고백할 엄두를 못 내는 상황과 비슷하다.

증권소송법과 관련하여 논란이 되는 면죄부를 보면 역설적으로 얼마나 많은 기업들이 과거 분식 회계의 영향에서 벗어나지 못했는지 알 수 있다. 논란의 초점은 얼마나 분식을 했느냐의 여부가 아니라 이미 모두가 저지른 분식 경영자에게 어떻게 면죄부를 부여할 것인가였던 점을 보면 분식 경영이 얼마나 광범위하게 자행되었는지 역설적으로 알 수 있다.

이제까지 일어났던 대규모 분식 회계나 그로 인한 금융 사고들을 보면 모두 공통점이 있다. 발생 초기에 바로 알 수는 없으나 대규모 사고로 비화하기 전에는 수많은 사전 징조와 경고, 그것을 바로잡으려는 사람들이 있었다는 것이다. 우리 기업들이 분식 경영을 당연시 여기고, 이러한 분식이 큰 사고로 이어지는 이유는 그것을 찾아내고 적발하지 못해서가 아니다. 우리 경영자들이나 관료들의 자질이 부족해서는 더더욱 아니라고 생각한다. 물론 앞의 내용들이 부분적인 이유는 될 수 있겠지만 근본적인 이유는 부정을 알고도 그것을 제재하고 감독할 만한 시스템이 구축되어 있지 않고 그것을 운용하는 사

[표 2-6] 국내 상장, 등록 회사 들의 분식 회계 적발 건수

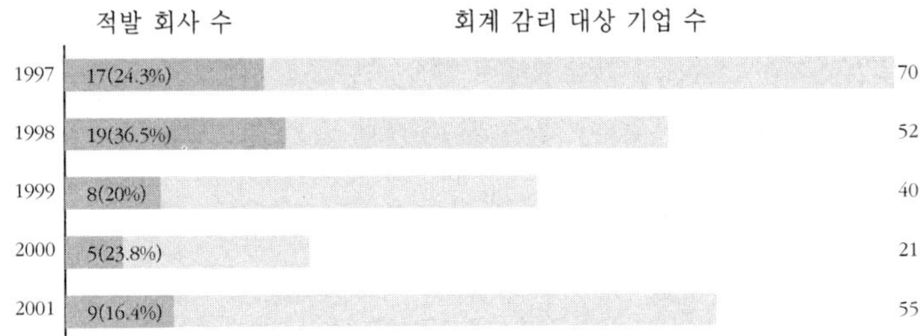

자료 : 금융감독원, 삼성경제연구소 정리 자료에서 재인용

람들의 독립성이 보장되어 있지 않기 때문일 것이다. 실제로 IMF를 전후해 주주 중시 경영이 대두되고 분식 회계에 관련된 회계 법인이 시장의 신뢰를 잃고 파산하면서 우리 기업들의 투명성은 상당히 증대되었다.

이처럼 시스템과 환경이 구축되고 그에 따른 상과 패널티가 분명해지면 기업들의 분식 회계 근절은 그리 어려운 일이 아니다. 기업들의 투명성 확보 방안에 있어서 어떤 방법과 시스템이 최선이냐는 것은 신중히 선택해야 할 문제이나, 가장 핵심적인 문제는 아니다. 흔히 말하는 사외 이사 제도를 강화하는 것이나 부당 내부 거래에 대한 감시를 강화하는 것, 시민 단체나 소액 주주들에게 더 많은 권리를 부여하는 것 모두 선택할 수 있는 제도이다. 하지만 가장 중요한 것은 참여자와 이해 당사자 모두에게 규칙을 지켜야 하는 유인이 있는 시스템을 구축하는 것이다. 아무리 엄격한 규칙과 강한 제재를 갖추어 놓아도 그것을 지킬 만한 유인이 없다면 편법이나 다른 방법을 사용해 그러한 규칙을 피하려는 시도와 부작용은 있게 마련이다. 경찰 열 명이 도둑 하나 못 잡는다는 말이 있다. 자기에게 이익이나 다급함이 없으면 아무래도 느슨해지기 마련이다.

우리나라 은행의 대출 정책이 좋은 예이다. 과거 관치 금융에 익숙해진 은행들은 기업의 신용을 평가할 수 있는 실력을 쌓지 못했다. 자연히 관치 금융이 약해진 1980년대 이후에도 대출을 할 때 기업의 신용이나 향후 실적 전망보다는 부동산이나 설비 등 담보가 있는 경우에만 대출을 해 주었다. 너무나 당연하게도 담보력이 약한 중소기업들은 좋은 기술과 사업을 가지고도 돈을 구하지 못하는 경우가 많았다. 이런 현상을 극복하려고 금융 당국에서 아무리 애를 써도 은행의 주인이 정부나 공공 기관인 이상 문제는 쉽게 해결되지 않는다. 이럴 경우에는 은행의 소유를 민간에게 넘겨주고 외국 은행에도 시장을 개방하면 문제가 의외로 쉽게 풀릴 수 있다. 이제 은행들은 과거와 달리 수익을 창출해야 하는 이유가 생겼으며 남들보다 더 좋은 서비스를 제공해야 하는 유인도 분명해졌다.

기업의 투명성 확보에도 이 같은 발상이 필요하다. 기업을 규제 대상으로 바라보는 관점에서 설계된 시스템은 내재적으로 불안 요소를 가지고 있기 때문이다. 물론 일부 기업들의 부도덕적이고 악질적인 범법 행위에 대해서 모든 것을 제도와 환경 탓으로 돌려서 쉽게 이해하려는 것은 아니다. 현재의 규칙과 제도를 철저히 지키고 시행하려는 준법 정신은 자유 시장 경제에서 참여자가 갖추어야 할 기본 소양이다. 다만 좀 더 거시적이고, 장기적으로는 우리의 경제 시스템과 메커니즘 자체를 모든 참여자들이 규칙을 잘 지킬 유인이 있도록 설계하고 개선시켜 나가는 노력이 필요할 것이다. 또 하나 강조하고 싶은 것은 금융 시장이다. 기업의 성과나 재무 상태가 발표될 때마다 시장이 즉각적으로 반영하는 것은 당연하고도 바람직한 일이다. 하지만 최근 직접 자금 시장의 중요성이 커지면서 기업의 실질 가치를 고려하지 않고 외형상의 단기 실적에 따라 기업의 주가가 너무 가혹하게 시달리고 있는 것은 아닌가 하는 생각이 든다. 결국 기업 가치를 평가하고 이에 따라 자산의 성과를 보상받는 경영자, 애널리스트 등 다양한 시장 참여자들의 지극히 단기적인 성과주의도 회계 분식의 한 원인이 되는 것이다. 스타벅스의 오너인 하워드 슐츠 회장의 말을 들어 보면 시장이 얼마나 민감하고 과도하게 반응하는지 알 수 있다.

1982년 대기업 부회장 자리를 박차고 네 개의 체인점에 불과한 스타벅스에 합류한 하워드 슐츠 현 회장의 경험은 주가를 통한 기업 가치의 진정한 의미가 무엇인가를 한 번쯤 다시 생각하게 한다. 슐츠 회장이 400만 달러에 인수한 스타벅스는 불과 5년 만에 최초 상장 가치로 2억 7,300만 달러를 기록한다. 'SBUX-Starbucks'라는 이름이 나스닥에 상장되던 날의 기쁨도 잠시, 슐츠 회장은 매일, 매달, 매분기 자신의 기업이 주식 시장의 노예가 되었다는 초라한 느낌을 받게 되었다고 고백한다. 1996년 1월 초에 판매 목표 대비 500만 달러가 미달했을 뿐임에도 주가는 21달러에서 16달러로 급락하고, 월별 실적 발표 후 며칠 만에 시장 가치는 3억 달러 하락했다. 스타벅스의 실질 가치는 이 기간 변한 것이 없었으며 3개월 후 또다시 사상 최고의 수치를 기록한다.

(자료 : LG 경제연구원, 김상일, 2002. 07. 24, 주간경제 683호)

이런 상황에서 직접 자금을 조달해야 하는 기업이나 성과 평가를 앞둔 경영자가 분식 회계의 유혹을 느끼는 것은 당연하다. 이 문제에 관한 시장을 탓하는 것은 어리석은 일이다. 다만 시장에 건전한 기관 투자자들이 많아지면 주가의 민감한 부침이 어느 정도 안정되는 긍정적인 효과를 기대할 수 있을 것이다. 기관 투자자들이 일정 지분을 장기 보유해 경영권의 안정에도 도움을 주고 소액 주주들이 하기 힘든 철저한 감시자 역할까지 겸한다면 시장의 건전화와 기업의 투명성 확보에 많은 도움이 될 것이라는 생각을 해 본다.

(3) 오너 경영의 불가피성

일부에서는 한국 기업의 투명성 부족 이유를 오너 경영의 지배 구조와 경영 행태에서 찾기도 한다. 실제로 한국의 일부 최고 경영자들이 개인적인 치부를 위해 기업을 이용하거나 독단적인 의사 결정 후 경영상의 책임을 지지 않는 모습을 보여 비판의 대상이 되기도 하였다. 또한 국민들이 반기업 정서를 가지게 된 한 요인으로 작용한 것도 사실이다. 최근에는 이런 비판을 근거로 한국 기업에서도 미국과 같이 소유와 경영의 완전한 분리가 필요하다고 주장하는 의견도 많다. 하지만 필자는 현실적으로 과도기적이나마 오너의 경영권을 인정해 주는 것은 불가피하다고 생각한다.

오너 경영의 가장 큰 특징은 지분율과 상관없이 기업에 대한 소유 의식이 강하다는 것이다. 대부분의 오너들은 기업을 자신의 소유물로 생각하고 있으며 이에 따라 전문 경영인이 쉽게 할 수 없는 과감한 의사 결정을 하기도 하고 기타 주주의 권익을 무시하면서 독단적이고 불투명한 경영을 하기도 한다. 이런 오너 경영에 대한 장단점과 공과에 대해서는 추후 다시 논하기로 하고, 우선은 현실적인 불가피성에 대해서 말하고자 한다.

영미식으로 대표되는 선진국의 시장 경제에서는 산업 자본의 탄생 초기부터 경영과 자본이 분리된 형태가 보편적이었으며 그것이 오늘날의 기업 지배 구조로 정착되었다. 즉, 경영은 철저히 전문 경영인에게 위탁하고 이사회가 고용 CEO를 감시하는 것이다. 자본 시장이 발달하면서 개인 대주주들은 점점 기관 투자자들로 대체되었고 기업의 투명성에 대한 사회적인 요구를 반영하면서 사외 이사 제도라든가 소액 주주의 권익을 보호하는 여러 가지 제도적인 장치들이 생겨났다. 또한 주주와 전문 경영인 간의 피할 수 없는 대리인 비용을 줄이기 위해 스톡옵션 등의 전문 경영인에 대한 인센티브들도 생겨났다.

반면, 경제 발전 초기부터 소유주가 곧 경영자였던 한국 기업들은 사뭇 다른 지배 구조를 가지게 되었다. 앞에서 살펴봤던 환경적 요인에 의해 기업들이 기업군으로 확장하면서 순환 출자 등을 통해 개인 대주주 1인이 전 기업군을 소유할 뿐 아니라 지배하게 되었다. 자본의 조달에 있어서도 자본 시장에서 직접 자본을 조달하기보다는 부채에 의존하게 되면서 오너의 지분은 희석되지 않고 상당수 보전되어 오늘날의 지배 구조로 정착된 것이다. 이러한 지배 구조 하에서는 개인 대주주 1인의 영향력이 막강하다 보니 고용된 전문 경영인이나 이사회의 권한이 제한적이거나 심한 경우에는 유명무실해지는 경향이 있다.

따라서 한국의 대기업은 많은 경우 주요한 의사 결정이 오너의 결단에 의해 행해지게 되는데, 이러한 특징이 영미식의 지배 구조를 가진 기업과 비교해서 기업의 성과에 어떠한 영향을 미치는가에 대해서는 아직 명확하게 밝혀지지 않은 듯하다. 하지만 직관적으로 전문 경영인이 오너보다는 전문성이 있고 합리적인 경영을 할 수 있다고 보는 것이 타당할 것이고, 우리의 지배 구조도 궁극적으로 소유와 경영의 분리 및 전문 경영인 체제를 지향해야 할 것이다.

하지만 주주가 전문 경영인을 감시한다는 관점에서 볼 때, 영미식의 분산된 지배 구조를 가진 기업의 주주보다는 한국의 지배 주주가 훨씬 더 주인 의식을 갖고 철저하게 감시할 것이라는 것은 분명하다. 대부분의 미국 기업에서는 주로 기관 투자자인 대주주들이 전문성 있고 저명한 사외 이사를 선임하여 전문 경영인을 견제, 감시해 줄 것을 위탁한다. 하지만 사외 이사들은 기업의 성과가 자신과 직접 관련이 없기 때문에 아무래도 주인 의식이 부족하기 마련이다. 엔론 사태가 사외 이사들의 감시 실패를 보여 주는 전형적인 사례이다. 이에 반해, 한국의 개인 대주주는 기업의 성과가 곧 자신의 이해와 직결되기 때문에 훨씬 더 주인 의식을 갖고 감시를 행할 수 있다. 문제는 개인 대주주가 자신의 막강한 지배력을 이용하여 자신의 이해와 기타 주주의 이해가 상충될 경우 기타 주주의 권익을 해칠 수 있다는 것이다.

이제까지 대기업의 오너 경영이 비판받은 대부분의 이유는 경영의 비전문성, 비효율성보다는 기타 주주의 권익을 고려하지 않는 비도덕적인 측면이 강했다. 기타 주주의 권익이 침해당하기까지는 여러 가지 제도적 결함이나 허점들도 있었겠지만 가장 큰 이유는 대주주에 대항할 만한 다른 대주주가 없었다는 것이다. 한국의 자본 시장과 선진국 자본 시장의 가장 큰 차이 중 하나가 기관 투자자가 시장에서 차지하는 비중이나 영향력이 적다는 것이다. 한국에도 대주주를 견제할 만한 기관 투자자들이 존재했다면 기타 주주의 권익이 쉽게 침해당하지 않았을 것이다. 따라서 개인 대주주의 경영권과 지배권을 배제한다면 지금의 오너를 대체해서 기업을 감시하고 보호할 기관 투자자 집단이 있어야 할 것이다.

과거 한국의 금융 및 보험 기관의 특수 자금, 각종 기관의 기금 같은 기관 투자자들이 그런 기능을 구축하려 했던 시기가 없었던 것은 아니다. 그러나 외환 위기 이후 주식 시장의 폭락으로 기관 투자자 기능은 붕괴되고 말았다. 그러니 지금과 같은 상황에서 경영권을 가진 개인 대주주의 부재는 오히려 기업의 더 많은 혼란과 더 많은 대리인 비용을 야기해 주주의 이익을 침범할 위험이 있다고 하겠다. 다소 결점이 있더라도 기관 투자자 집단이 형성될 때까지는 과도기적으로 오너 경영에 의지할 수밖에 없는 것이 우리의 현실이다.

하지만 과도기적인 오너 경영을 용인하더라도 기타 주주의 이익이 침해당하지 않도록 투명 경영을 위한 감시 기능은 필수적이다. 오너 경영을 과도기적으로 용인한다는 것이 지금까지 있었던 일부 오너들의 비윤리적이고 불투명한 경영까지 용인한다는 것은 절대로 아니기 때문이다. 우리 기업의 투명성을 높이기 위해서는 여러 가지

보완되거나 도입되어야 할 제도들이 많다. 사외 이사 제도를 강화하고 소액 주주들의 권익을 보호하는 제도를 도입하는 것 등이 하나의 예이다. 또한, 감시하기 위한 제도나 장치를 새로 제정하는 것 못지 않게 기업이 법과 투명성 테두리 안에서도 자유롭게 활동할 수 있도록 불합리한 규제나 감시를 제거하는 일도 투명성을 높이는 훌륭한 방안이라는 것을 잊지 말아야 한다.

제3장

현 정부가 당면한 경제의 문제점과 해결책

1. 분배와 성장

　한국 경제는 1960년대 이후 1980년대까지 세계 경제사에 유례없는 고도성장을 실현하여 '한강의 기적'을 낳았다. 이러한 고도성장의 한 요인으로 저임금의 풍부한 노동력을 인정하시 않을 수 없다. 하지만, 가난에서 벗어나고자 하는 '성장 제일'의 명제에서 '분배'를 이야기할 수 없는 사회적인 분위기가 대한민국 전체를 감싸고 있었다.

　그러나 1987년 사회 전반에 걸친 민주화 물결 속에 '분배'가 이야기되기 시작하였고, 정부에서도 경제 성장과 분배 정책의 우선순위를 논하게 되었다. 1988년 이후 출범한 정부들은[6] 각기 정부 지지 기반에 의거하여 정책 비중에서 약간씩의 차이를 보였다.

　IMF 외환 위기를 거치면서 소득 분배 구조가 악화되어 빈부 격차

---

6) 노태우 정부(1988~1992), 김영삼 정부(1993~1997), 김대중 정부(1998~2002), 노무현 정부(2003~현재)

가 심화된 현 시점에서, 노무현 정부는 '경제 성장'과 '분배' 두 가지
모두를 염두에 두고 경제 정책을 실행해야 한다.

(1) 우리나라의 소득 분배 추이

분배와 성장, 둘 모두 중요한 개념인 것은 모두가 알고 있는 사실
이다. 하지만, 가난에서 벗어나고자 했던 우리나라의 경우에는 성장
이 분배보다 우선시되었던 것이 사실이다.

지난 1960년대 이후 1980년대 후반까지 '조국의 근대화'라는 기치
아래 우리나라는 성장을 목표로 달려왔으며, 자본주의 역사에서 일
찍이 없었던 고도성장을 달성했다. 이후 민주화 물결 속에 '분배'에
대한 사회적 공론이 일어나기 시작했고, 자본 소득에 비해 상대적으
로 취약했던 노동 소득에 대한 분배(노동 임금)가 가파른 성장을 보
여 왔다. 그 결과 여러 경제학자들이 분석한 결과에서 나타나듯이
1970년대 후반에 비해 소득 분배는 개선되었다. [표 3-1]에서 지니
계수를 보면 1976년 0.391에서 1988년 0.336으로 수치가 낮아졌다.
수치가 낮을수록 소득 분배가 개선되었음을 말하는 지니 계수의 특

[표 3-1] 소득 분포 추이(1965~1988, 전 가구)

구 분	1965	1970	1976	1980	1982	1985	1988
지니 계수	0.344	0.332	0.391	0.389	0.357	0.345	0.336

자료 : 곽태원, 「경제 성장과 사회 형편」(1991)

[표 3-2] 소득 분포 추이(1997~2004, 도시 가구)

구 분	1990	1997	1998	1999	2000	2001	2002	2003	2004
지니 계수	0.295	0.283	0.316	0.320	0.317	0.319	0.312	0.306	0.310
5분위 분배율	–	4.49	5.41	5.49	5.32	5.36	5.18	5.22	5.41

주 : 5분위 분배율 = 상위 20%의 소득 ÷ 하위 20%의 소득
자료 : 통계청, 도시 가계 조사

성으로 판단할 때, 1988년의 소득 분배도는 1976년 수준보다 좋음을 의미한다. 하지만, 1997년 IMF 외환 위기를 거치면서 사회적 분배는 악화되었다. [표 3-2]에서 보듯이 외환 위기 이전 지니 계수는 0.283 이었지만 외환 위기를 거치면서 0.320으로 상승한 후 2004년 0.310 으로 낮아졌으나 여전히 외환 위기 이전의 사회적 분배 수준으로 회 복하지 못하였음을 의미한다.

(2) 소득 분배의 국제 비교

많은 사람들이 우리나라의 빈익빈 부익부 현상에 대해 이야기하며, IMF 외환 위기 이후 빈부 격차가 더욱 심화되어 소득 분배 구조가 심각한 수준에 이른 것 아니냐는 우려의 목소리들을 많이 내놓고 있 다. 그러나 세계은행(World Bank)에서 2004년 177개국을 대상으로 발표한 소득 불균형 지수에 의하면 우리나라는 27위를 차지하여 계 층 간 소득 불균형 정도가 높다고는 말할 수 없을 것 같다. [표 3-3] 에서 보면 우리보다 소득 균형도가 높은 국가들은 북유럽의 선진국

[표 3-3] 소득의 불균형 정도

순위	연도	소득의 불균형 정도				불균형 정도		
		하위 10%	하위 20%	상위 20%	상위 10%	상위 10%~ 하위 10%	상위 20%~ 하위 20%	지니 계수
1 헝가리	1999	2.6	7.7	37.5	22.8	8.9	4.9	24.4
2 덴마크	1997	2.6	8.3	35.8	21.3	8.1	4.3	24.7
3 일본	1993	4.8	10.6	35.7	21.7	4.5	3.4	24.9
4 스웨덴	2000	3.6	9.1	36.6	22.2	6.2	4	25
5 벨기에	1996	2.9	8.3	37.3	22.6	7.8	4.5	25
6 체코 공화국	1996	4.3	10.3	35.9	22.4	5.2	3.5	25.4
7 노르웨이	2000	3.9	9.6	37.2	23.4	6.1	3.9	25.8
8 슬로바키아	1996	3.1	8.8	34.8	20.9	6.7	4	25.8
9 보스니아-헤르체고비나	2001	3.9	9.5	35.8	21.4	5.4	3.8	26.2
10 우즈베키스탄	2000	3.6	9.2	36.3	22	6.1	4	26.8
11 핀란드	2000	4	9.6	36.7	22.6	5.6	3.8	26.9
12 마케도니아	1998	3.3	8.4	36.7	22.1	6.8	4.4	28.2
13 알바니아	2002	3.8	9.1	37.4	22.4	5.9	4.1	28.2
14 독일	2000	3.2	8.5	36.9	22.1	6.9	4.3	28.3
15 슬로베니아	1998/99	3.6	9.1	35.7	21.4	5.9	3.9	28.4
16 르완다	1983	4.2	9.7	39.1	24.2	5.8	4	28.9
17 크로아티아	2001	3.4	8.3	39.6	24.5	7.3	4.8	29
18 우크라이나	1999	3.7	8.8	37.8	23.2	6.4	4.3	29
19 키르기스스탄	2001	3.9	9.1	38.3	23.3	6	4.2	29
20 오스트리아	1997	3.1	8.1	38.5	23.5	7.6	4.7	30
21 가나	1999	2.1	5.6	46.6	30	14.1	8.4	30
22 에티오피아	2000	3.9	9.1	39.4	25.5	6.6	4.3	30
23 루마니아	2000	3.3	8.2	38.4	23.6	7.2	4.7	30.3
24 벨라루시	2000	3.5	8.4	39.1	24.1	6.9	4.6	30.4
25 룩셈부르크	2000	3.5	8.4	38.9	23.8	6.8	4.6	30.8
26 카자흐스탄	2001	3.4	8.2	39.6	24.2	7.1	4.8	31.3
27 한국	1998	2.9	7.9	37.5	22.5	7.8	4.7	31.6
28 폴란드	1999	2.9	7.3	42.5	27.4	9.3	5.8	31.6
33 스페인	1990	2.8	7.5	40.3	25.2	9	5.4	32.5
34 인도	1999/2000	3.9	8.9	41.6	27.4	7	4.7	32.5
35 네덜란드	1994	2.8	7.3	40.1	25.1	9	5.5	32.6
36 프랑스	1995	2.8	7.2	40.2	25.1	9.1	5.6	32.7
38 캐나다	1998	2.5	7	40.4	25	10.1	5.8	33.1
39 스위스	1992	2.6	6.9	40.3	25.2	9.9	5.8	33.1
46 오스트레일리아	1994	2	5.9	41.3	25.4	12.5	7	35.2
48 그리스	1998	2.9	7.1	43.6	28.5	10	6.2	35.4
49 이스라엘	1997	2.4	6.9	44.3	28.2	11.7	6.4	35.5
50 아일랜드	1996	2.8	7.1	43.3	27.6	9.7	6.1	35.9
51 영국	1999	2.1	6.1	44	28.5	13.8	7.2	36
52 이탈리아	2000	2.3	6.5	42	26.8	11.6	6.5	36
54 뉴질랜드	1997	2.2	6.4	43.8	27.8	12.5	6.8	36.2
66 포르투갈	1997	2	5.8	45.9	29.8	15	8	38.5
75 미국	2000	1.9	5.4	45.8	29.9	15.9	8.4	40.8

자료 : 세계은행(2004)

[표 3-4] 1인당 국민 소득 1만 달러대의 국가 간 소득 불균형 비교

순위	국가명	1인당 GDP(US $)	지니 계수	5분위 분배율
15	슬로베니아	13,909	28.4	3.9
27	한국	12,634	31.6	4.7
48	그리스	15,608	35.4	6.2
49	이스라엘	16,401	35.5	6.4
66	포르투갈	14,161	38.5	8.0

자료 : 세계은행(2004)

과 동유럽 국가 그리고 일부 후진국들이며, 미국과 서유럽 선진국들의 지니 계수는 우리나라보다 높은 것으로 발표되었다.

우리나라와 비슷한 소득 수준 국가들과의 비교에서도 우리나라는 소득 균형도가 나쁘지 않은 것으로 나왔다. 1인당 국민 소득 1~2만 달러 사이 국가들은 우리나라를 포함하여 5개국인데, 이 중 동유럽 사회주의 국가인 슬로베니아를 제외하면 우리나라의 지니 계수가 가장 낮아 소득 균형도가 가장 좋은 것으로 나타났으며, 5분위 분배율도 가장 낮아 소득 균형도가 좋음을 뒷받침한다.

(3) 정부 정책에 대한 제언

분배와 성장을 동시에 추구하는 것이 가능할까? 이에 대해 대다수 경제학자들의 의견은 '재분배 정책이 성장을 감소시킨다'는 견해로 모아지고 있다. 경제 성장 모형으로 잘 알려진 경제학자 칼도르의

견해를 소개하면 다음과 같다. 1) 성장을 위한 전제 조건은 높은 저축인데, 일반적으로 고소득층의 한계 저축 성향이 높기 때문에 재분배 정책은 저축을 감소시키고 결국은 성장을 감소시킨다. 2) 재분배 정책은 경제적 동기를 왜곡시켜 성장을 감소시킨다. 즉, 정부의 재분배 정책으로 인해 시장의 효율성이 저하되어 성장이 감소한다고 보는 것이다.

글로벌화된 오늘날 칼도르의 견해에 대한 시비 및 유용성은 뒤로 한다 하더라도 OECD 국가 내에 성장과 분배를 동시에 추구하고 있는 나라는 찾아보기 힘든 것이 사실이다. 경제 정책에서 성장과 분배를 동시에 추구하지 못하는 이유는 사회 전반적인 분배 구조의 개선이 고용 창출 전략과는 약간 상충되는 측면이 있기 때문이다.

하지만, 현 참여 정부는 작금의 양극화 현상[7]을 해소하기 위해 성장과 분배 개선을 동시에 시도하려 하고 있다. 그러나 앞에서 이야기한 바와 같이, 우리나라의 경제 정책은 당분간 일자리 창출을 위하여 분배 구조가 어느 정도 악화되는 것을 감수하고, 일자리의 확충을 통한 빈곤 퇴치를 통하여 사회적 통합의 기초를 형성한 후에 경제 발전의 경로에 따라 전체의 소득 분배 구조를 개선하는 방향으로 나아가야 한다. 정책 방향은 현 상황에서 가장 심각한 문제라고 할

---

7) 1997년 말 IMF 외환 위기 이후 우리나라 대부분의 영역에서 양극화 현상이 발생하고 있다. 구체적으로 보면, 고용 구조의 양극화(정규직 대 비정규직), 기업의 양극화(대기업 대 중소기업, 수출 기업 대 내수 기업), 소득 계층 간 양극화를 들 수 있다.

수 있는 '청년 실업'의 해소를 위한 일자리 창출에 집중해야 한다.

이를 위해 정부는 기업의 투자 활성화 방안, 반기업 정서 분위기 해소, 물가 안정에 정책의 우선순위를 두어야 하겠다. 반기업 정서가 해소되고, 물가 안정, 정책의 일관성 등을 통해 불확실한 상황 등이 제거된다면 기업들은 자발적으로 투자를 증대할 것이며, 기업 투자가 일자리 양산으로 연결되어, 궁극적으로 청년 실업의 문제를 해결할 수 있을 것이다. 이의 일환으로 부품 소재 산업의 육성을 통한 중소기업의 활성화 방안도 경제 정책에서 빼놓을 수 없는 방안일 것이다. 이에 대해서는 뒤에서 별도의 장을 마련하여 이야기할 것이다.

모든 이들을 행복하게 해줄 수 있는 방법은 이 세상에 없다. 결국 차선책으로 다수를 행복하게 해줄 수 있는 방법을 찾게 되고, 경제 정책은 다수를 행복하게 하는 것을 목표로 삼을 수밖에 없다. 시장 경제는 애덤 스미스가 말한 대로 '보이지 않는 손'에 의해 효율적으로 움직이는 반면, 다수가 행복해지는 것과는 무관할 수가 있다. 이럴 때 정부의 역할이 필요한 것이고, 정부는 시장 경제의 장점인 효율성과 시장 경제가 놓칠 수 있는 형평성을 조화롭게 하여 다수의 행복을 목표로 경제 정책을 운영하는 것이다. 이러한 원칙 아래 정부가 해야 할 일은 기업 투자 활성화를 통한 일자리 창출이며, 이를 통해 파이를 확대시켜 분배하는 것이 바람직하다고 생각된다.

2. 재벌의 오너 경영 체제

(1) 재벌 기업의 상호 출자 형태 분석

우리는 앞에서 재벌 기업들이 경제 성장 과정에서 상호 출자를 통해 허위로 자본을 증가시켜 왔음을 살펴보았다. 당시의 열악한 자본 시장과 정부의 대출 정책을 고려할 때, 이는 불법으로 부당한 이득을 취하려 했다는 악의적 해석보다는 기업가 정신을 펼치기 위한 고육지책이었다고 이해해 주는 것이 더 올바른 해석이 될 것이다.

문제는 이런 상호 출자와 순환 출자를 통해 형성된 왜곡된 지배 구조가 오늘날에 이르러서도 해소되지 않고 여러 가지 부작용들을 야기하고 있다는 것이다. 상호 출자라는 것은 오너가 특정 회사의 지분과 경영권을 가지고 있을 경우, 경영권 안정을 위해서 오너가 직접 지분을 추가 취득하지 않고 다른 회사를 통해 우회적으로 경영권을 안정시키는 수단이다. 즉, 오너가 A라는 회사의 지분 10%와 경영권을 가지고 있을 경우 A회사가 B라는 계열사에 출자를 하고 B회사가

[표 3-5] 주요 그룹 친인척 지분 현황 (단위 : %)

구 분	총수 본인	친 족				친족 합계	계열 회사	기타	내부 지분율
		배우자· 혈족 1촌	혈족 2~4촌	혈족 5~8촌	인척 4촌 이내				
삼성	0.44	0.79	0.01	0.02	0.08	0.89	37.80	2.32	41.45
LG	0.83	0.62	2.03	1.01	0.24	3.90	34.58	3.40	42.71
현대자동차	2.85	0.23	0.03	0	0.01	0.26	48.95	0.44	52.50
SK	0.73	0	0.29	0.03	0	0.32	50.00	0.97	52.02
한진	2.92	0.43	6.38	0	0.24	7.05	23.74	10.18	43.89

자료 : 공정거래위원회

A회사의 지분을 취득함으로써 오너는 돈을 들이지 않고 A회사에 대해 영구적인 지배력을 가지게 되는 것이다. 이러한 과정을 서너 번 거치면 오너는 극히 미미한 지분으로도 수십조에 이르는 기업 집단에 전제적인 경영권을 행사할 수 있게 된다.

이러한 문제 때문에 정부는 1986년 공정거래법을 개정하면서 출자 총액 제한, 상호 출자 금지, 금융 보험 회사의 의결권 행사 금지 등의 규제 조치를 도입했지만 대규모 기업 집단의 순환 출자를 허용하여 재벌들은 여전히 미미한 지분으로 거대 집단에 대해 경영권을 행사하고 있다. 순환 출자라는 것은 두 회사가 아니라 3~4개의 회사가 순환 고리를 형성하여 지분을 보유하는 것으로, 상호 출자와 별다를 바가 없다. 지주 회사격인 삼성에버랜드가 삼성생명의 지분 1.34%를 보유하고, 삼성생명이 삼성물산의 지분 4.81%를 보유하고, 삼성물산이 다시 삼성에버랜드의 지분 1.48%를 보유하는 식으로 삼성그룹 내 계열사들 간에 5개의 순환 출자 연결 고리를 만들고

[표 3-6] 주요 대기업 순환 출자 현황

기업 집단	현 황
삼성	삼성에버랜드 ➡ 삼성생명 ➡ 삼성전자 ➡ 삼성카드 ➡ 삼성에버랜드
현대자동차	현대자동차 ➡ 기아자동차 ➡ 현대모비스 ➡ 현대자동차
SK	SK ➡ SKC ➡ SK케미칼 ➡ SK
한진	한진 ➡ 대한항공 ➡ 한진중공업 ➡ 한진
한화	한화 ➡ 한화석유화학 ➡ 한화종합화학 ➡ 한화증권 ➡ 한화
현대중공업	현대중공업 ➡ 삼호중공업 ➡ 현대미포조선 ➡ 현대중공업
금호아시아나	아시아나항공 ➡ 아시아나CC ➡ 금호렌터카 ➡ 아시아나항공
두산	두산 ➡ 두산중공업 ➡ 두산산업개발 ➡ 두산
동부	동부건설 ➡ 동부제강 ➡ 동부생명 ➡ 동부건설
현대	현대상선 ➡ 현대증권 ➡ 현대엘리베이터 ➡ 현대상선
롯데	롯데건설 ➡ 롯데산업 ➡ 롯데리아 ➡ 롯데건설

있는 것이 좋은 예이다. 최근 삼성그룹이 괄목할 만한 경영 성과를 보이면서 지배 구조가 자주 논란의 대상이 되고 있으나 이는 유독 삼성그룹만의 문제가 아니라 우리나라의 경제를 지탱하고 있는 대부분의 기업에서 나타나는 현상이다.

이처럼 대부분의 기업들에서 공통적인 지배 구조가 나타나는 것을 보면 이것이 비도덕적이거나 후진적인 소수 기업의 개별적인 문제가 아니라 우리 경제의 구조적인 문제임을 짐작할 수 있다. 실제로 관 주도의 경제 성장 과정에서 정부의 대출 정책은 자본 규모가 크고 사업이 다각화되어 있는 기업 집단에 많은 혜택을 주는 정책이었다. 따라서 기업들은 앞 다투어 순환 출자를 통해 허위 자본을 조성하고 이를 바탕으로 차입을 일으켜 신규 사업에 진출하는 재무 전략을 써 왔고, 이것이 오늘날의 지배 구조로 이어진 것이다. 예를 들어, 한 그룹에 A, B, C 3개 계열사가 있을 때 A가 은행에서 1천억 원을 빌린 뒤 B에게 출자하고, 이어 B는 C에게 1천억 원을, C는 다시 A에게 1천억 원을 출자하면, A가 1천억 원을 은행에 갚은 뒤에도 3개사 모두 장부 상으로는 1천 억 원씩의 자본이 늘어나는 '눈속임'이 일어난다. 지금의 경영 환경에서 생각하면 이런 방법으로 자본을 늘리는 것이나 이를 믿고 추가 대출을 해 주는 것 모두 한 편의 코미디처럼 비상식적이다. 하지만 이런 방법보다 뚜렷하게 더 나은 자원 분배 방법이 마땅치 않았던 것이 당시의 우리 경제 시스템이었고, 한국의 역량 수준이었다는 데서 필자는 오늘날 우리 경제의 발전이 새삼 대단하게 느껴진다.

이런 구조적인 문제가 있었다는 것과는 별개로 재벌들의 순환 출자로 얽힌 지배 구조는 많은 문제점과 부작용을 가지고 있는 것이 사실이다. 경영 실패 시 총수에게 권한에 상응하는 책임을 묻기 어려운 것과 금융 보험사를 통한 계열사 지배, 계열사 간 부당 지원 등은 재벌들의 지배 구조와 관련하여 항상 제기되는 문제점들이다. 자본주의 시장 경제에서 오너이자 경영자가 경영을 잘못하여 기업 가치가 떨어지면 자신도 상당한 재산상의 손실을 입고 적대적 M&A의 위험에도 노출되는 것이 당연하다. 이사회를 통해 경영권을 박탈당하는 것 역시 상리일 것이다. 하지만 재벌 총수들은 비록 계열사가 사업에 실패해 큰 손실을 입어도 자신은 경영권을 유지할 뿐 아니라 재산상의 손실도 거의 입지 않는다. 많은 경우 그 책임을 계열 사들이 나누어 부담함으로써 계열사들의 소액 주주들에게 피해가 돌아가기도 한다. 금융 보험사를 통한 계열사 지배와 지원 역시 매 우 심각한 도덕적인 문제를 안고 있다. 금융 보험사들이 보유한 자 산은 일반 고객들이 맡긴 돈으로 안전하게 운용해 많은 수익을 내서 돌려줘야 하는 것이 원칙이다. 하지만 위의 표에서 알 수 있듯이 많 은 재벌들이 순환 출자의 고리에 금융 보험사를 포함시켜 고객의 돈 으로 총수의 경영권을 보장하고 있는 것이다. 또한 금융 보험사들은 풍부한 유동 자금을 바탕으로 계열사가 자금난이나 부실에 봉착했 을 때 지원을 하거나 증자에 참여해 고객과 소액 주주들에게 피해를 전가시키는 경우도 있어 왔다.

(2) 오너 경영 체제의 공과

이러한 부작용들 때문에 사회 일각에서는 늘 재벌들의 순환 출자 를 전면 금지시켜야 한다든지, 재벌들을 모두 전문 경영인 체제로 전 환시켜야 한다는 주장이 있었다. 하지만 한국 경제의 특수성이나 처 한 환경 등을 고려할 때 전문 경영인 체제가 소유 경영 체제보다 더 낫다는 결론을 내리기는 쉽지 않다. CEO 시장의 성숙도나 시장의 감시력 등 전문 경영인 체제가 그 장점을 발휘할 수 있는 여건이 아 직 조성되지 않았을 뿐 아니라 전문 경영인 체제가 진실로 더 효율 적인 지배 구조인가 하는 문제도 아직 결론이 내려지지 않았기 때문

[표 3-7] 가족 기업에 대한 비판론과 지지론

비판적 견해	긍정적 견해
• 소유와 견제가 분리되지 않아 가족의 사적인 이익 추구 • 부가 종업원으로부터 가족에게 이전 • 능력 검증을 받지 않은 후계자가 승계 • 인재 등용 시 효율성 저하 • 가족 CEO는 소액 주주의 이해를 대변하지 못함 • 적대적 M&A가 불가능	• 소유와 견제가 합쳐지면 대주주가 CEO를 감시할 수 있어 효율성 증대 • 장기 투자를 선호 • 명성을 중요시하여 이해 관계자들과 장기적, 안정적인 관계 유지 • 가족 지분이 있을 때 소액 주주의 법적 보호가 용이 • 창업자는 이노베이션을 가져옴
사례 : – 지나친 특별 배당을 원하는 포드 가문 – 2세 때문에 사세가 기운 왕(Wang) 컴퓨터	사례 : – 소프트웨어 시장을 연 마이크로소프트 – 200년간 명성을 지켜온 뒤퐁 가족

자료 : Barclay, Holderness(1989), Deangelo(2000), Morck et al.(1988), Anderson et al.(2002) 등 여러 관련 논문

이다. 이는 비단 한국에서만이 아니라 우리보다 먼저 자본주의를 경험한 서구 선진국에서도 여전히 논란이 되고 있는 문제이다.

[표 3-7]에 나타난 견해 외에도 많은 실증적인 연구들이 발표되었으나 가족 기업, 즉 자연인 대주주가 직접 경영하는 기업이 전문 경영인 체제의 기업보다 더 나은 성과를 내는가에 대해서는 연구 결과들이 상반되게 나타나고 있다. 아마 기업의 지배 구조가 기업의 성과에 어떤 영향을 미치는가에 대해서는 누구도 쉽게 단언할 수 없을 것이다. 어떤 지배 구조든지 기업이 속한 환경에 적합하고 좋은 성과를 낼 수 있다면 시장도 당연히 그러한 지배 구조를 선호할 것이다.

그럼에도 불구하고 한국 기업의 지배 구조에 대한 비판의 목소리가 높은 것은 소유권이 집중되어 있는 정도가 매우 심하여 영미식,

흔히 말하는 글로벌 스탠더드와는 다른 소유 지배 구조를 보이기 때문일 것이다. 실제로 1대 주주의 지분이 10%를 넘는 회사는 미국과 영국의 경우 대기업 중 30%가 안 되지만 한국의 경우는 규모에 상관없이 70%를 상회하고 있다. 특히 소유주나 그의 가족이 CEO로 재직하고 있는 회사는 미국과 영국의 경우 20% 정도이지만 한국의 경우는 34.7% 이상으로 소유 경영이 일반적인 경영 행태로 자리 잡고 있다.

이러한 소유 경영이 문제가 되고 비판이 되는 것은 사실 그 효율성보다는 불투명성과 비도덕성에 기인한 바가 크다. 실제로 한국에서 일부 재벌 총수들이 전제적으로 비합리적인 경영을 하고 또 비윤리적인 방법으로 이득을 취하면서 소유 경영 자체가 후진적이고 비도덕적인 것으로 인식되어 왔다. 하지만 소유 경영이 한국 경제의 급속한 발전에 기여한 측면도 적지 않은 것이 사실이다.

한국 경제는 산업 전반에서 경험과 역량을 축적하면서 튼실한 발전을 하지 못했다. 때로는 무모할 정도로 과감하게 투자를 감행한 후에, 남들보다 더 열심히 일하면서 앞선 경쟁자들을 따라잡은 것이 한국 경제이다. 이 과정에서 총수들의 기업가 정신, 도전 정신이 사업을 펼치고 확장시키는 원동력이었던 것은 누구도 부정할 수 없는 사실이다. 이건희 회장과 정주영 회장의 카리스마와 그룹 전체에 대한 장악력이 없었다면 오늘날의 삼성전자나 현대자동차, 현대중공업은 생각하기 어려울 것이다. 아무리 전문적인 지식과 경험이 풍부하더라도 전문 경영인으로서는 감히 하기 어려운 도전(risk taking)

이고 업적이 아닌가 한다.

(3) 한일 간의 기업가 정신 비교

일본의 기업가 정신은 미국과 다르다. 미국의 기업가 정신이 주주의 이익을 대변한다고 하면, 일본의 기업가 정신은 다분히 사업을 통해 국가에 공헌한다는 의식이 강하다. 유럽 자본주의의 기저에는 기독교 정신이 깔려 있어 기업의 이득은 종업원과 주주를 위한 것과 동시에 기업 이윤의 일부를 사회에 환원한다는 정신이 깔려 있다.

일본은 자본주의를 도입하면서도 시장 경제의 정수인 기업은 국가에 공헌한다는 사상으로 정착해 나갔다. 따라서 국가의 정책도 기업가 정신 고양에 두고 있다. 일본의 기업가 정신은 실용적인 면이 매우 강하며 생산 방법의 혁신을 위한 기술 지향적인 성격이 강하다. 일본의 기업은 100년, 200년의 역사를 가지고 있기 때문에 대다수의 기업은 오너 체제에서 벗어나 기관 투자자 집단에 의해 경영권이 유지되고 있다. 그러니 기업의 경영 형태는 경영자 중심이라 할 수 있겠다. 경영자 중심의 경영 특징은 강력한 경영 조직을 바탕에 두고 있다. 그런 경영 조직에서는 상향(Bottom-up)적인 사람이 경영의 책임을 지게 된다.

한 기업의 경영 리더가 되기 위해서는 그 조직에서 적어도 30~40년의 경력을 갖지 않고서는 리더가 될 수 없다. 리더로까지 승진하기 위해서는 기업마다 전통적인 경영 룰이 있게 마련이고,

조직에 의해 선출된 리더는 조직의 논리에 따를 수밖에 없을 것이다. 그러다 보니 의사 결정이 늦어질 수밖에 없다. 세계의 자본주의가 평행선을 달리고 있을 때는 일본의 기업 조직이 앞을 달릴 수 있었다. 그러나 서구의 자본주의, 즉 기업의 경영 논리가 바뀌어서 기업의 리더가 내부에서만 배출되는 것이 아니고, 이윤 창출을 위해서는 외부에서 스카우트되는 체재로 바뀌다 보니, 기업 조직의 탄력성 면에서 일본의 조직이 유럽보다 뒤떨어지게 되는 것이다.

한국의 기업가 정신은 유교 전통의 가족주의에 바탕을 두고 있다. 한국의 주요 기업에서는 창업자 내지 동족계 인물들이 기업의 최고 경영자 자리를 차지하고 있다. 한국의 기업가들은 일본이나 중국에 비해 더 엄격한 유교적 전통의 영향을 받고 있으며, 따라서 한국 기업에서의 리더십 스타일은 계층 구조적, 권위주의적, 중앙 집권적으로 일본의 분권적, 조화적 스타일과 구분된다. 그 결과 한국 기업가들의 의사 결정이 신속하고 결단성 있으며 일본의 합의적 형과는 차이가 있다. 그리고 오너 체제의 장점은 늘 젊은 가족에 의해 충당되기 때문에 조직에 활력을 불어넣을 수 있겠지만 일본의 경우는 그렇지 못한 것이다. 또 한국 기업의 경우 오너의 후계자는 거의가 외국에서 교육을 받았기 때문에 조직의 탄력성은 일본에 비교할 바가 아니다. 가령 삼성전자와 LG전자의 반도체 부분이나 DVD의 경우 일본을 제치고 세계 최고를 달리는 것은 오너의 활력에도 있지만 기술 면이나 영업 면에서 종업원의 우수성도 간과할 수 없다. 그만큼 우리 민족의 자질은 뛰어나다. 그렇다고 오너 경영에 전적으로 매달릴 수는 없다. 세대를 거듭할수록 오너의 보유 주식 한도에 문제가 생기는 것이다. 앞에서 말했던 기관 투자자의 양성에다 오너 경영의 장점을 결합한다면 우리나라 고유의 민족 경영 방식이 성립될 수 있을 것이다.

(4) 투명 경영 제도의 확립

앞에서 살펴본 재벌들의 지배 구조와 소유 경영의 공과를 볼 때 우리가 집중해야 할 것은 지배 구조 자체의 급격한 변화보다는 어떠한 지배 구조 하에서든지 투명하고 윤리적인 경영을 유도할 수 있는 경제 시스템의 정착이다. 과거와는 달리 자본 시장도 발달하였고 금융 시장에서 관의 영향력도 상당 부분 축소되었다. 또한 경제 성장 초기와는 달리 기업 경영에서 전문적인 지식이 중요해지고 사회의 여러 이해 관계자들을 고려할 필요성이 늘어났다.

오너의 소유 경영과 전문 경영인의 경영 중 어떤 것이 더 효율적이고 더 나은 성과를 보이는지는 누구도 쉽게 단언할 수 없는 문제이다. 하지만 사회의 발전과 변화의 방향은 아무래도 전문 경영인을 요구하고 있다. 중요한 것은 우리의 경제 시스템과 여건이 재벌의 해체와 전문 경영인 체제로의 급속한 전환을 무리 없이 감당할 수 있느냐 하는 것이다.

전문 경영인 체제는 곧 이사회에 의한 지배와 의사 결정을 의미하며, 이는 이사회에 참여할 힘 있는 주주의 존재를 전제로 하는 것이다. 개인 투자가들이 이사회에 이사를 파견하여 전문 경영인을 견제하는 역할을 담당하는 것은 사실상 불가능하다. 이는 금융 기관이나 연기금 등 기관 투자자들이 담당해야 할 몫이다. 즉, 우리의 금융 기관들이 자연인 대주주가 없는 기업에 대한 감시와 견제 기능을 무리 없이 수행할 수 있을 정도로 성숙해야 한다. 하지만 아쉽게도 IMF를 기점으로 국내 기관 투자자들이 금융 시장에서 차지하는 비중이 크게 줄어들어 현실적으로 전문 경영인을 견제할 기능을 기대할 수 없는 상황이다.

외환 위기 이후 일단의 구조 조정을 거치면서 한국 금융 기관들의 경쟁력은 크게 향상되었고 앞으로도 그 여지가 매우 많다. 또한 외국 금융 기관과 역량의 격차도 빠른 속도로 줄고 있어 머지않아 기관 투자자로서 역할을 다할 수 있을 것으로 기대된다. 따라서 기관 투자자가 양성될 때까지 한시적으로 소유 경영 체제로 가는 것이 우리 기업의 지배 구조를 개선할 수 있는 불가피한 최선의 대안이 아닌가 한다.

(5) 지주 회사 체제의 의의

순환 출자나 출자 총액 제도 등의 대규모 기업 집단에 대한 규제가 강화되면서 지배 구조 개선의 일환으로 최근 많은 기업 집단들이 지주 회사 체제로 전환했거나 전환을 모색하고 있다. 소유 경영의 가장 큰 문제점이 소유와 지배의 괴리로 인한 도덕적인 해이임을 고려할 때, 지주 회사 제도는 기업 지배 구조 개선을 위한 하나의 대안으로 매우 중요한 의미를 가진다고 할 수 있다.

지주 회사 제도란 대규모 기업 집단이 있을 경우 계열사끼리 순환 출자나 상호 지급 보증 등으로 얽혀 있는 것이 아니라, 지주 회사가 직접 경영권을 행사할 수 있을 정도로 전 계열사의 지분을 보유하고 오너는 지주 회사를 통해서 전체 기업 집단을 지배하는 것이다. 지주 회사는 단순한 소유 구조를 통해 기존의 대규모 기업 집단들과 다른 많은 장점을 지닌다. 우선 지주 회사의 가장 큰 장점은 주주 중심의 투명 경영이 가능해진다는 것이다. 기존 대기업들은 순환 출자와 계열사 상호 지급 보증을 통해 연결되어 있어 대주주가 소수의 지분을 통해 실질적인 지배력을 행사하는 것이 문제점으로 지적되었다. IMF 외환 위기 이후 이 부분에 대한 정부 조치로 많은 부분이 개선되었으니, 주주 중심의 투명 경영이란 측면에서 아직 개선되어야 할 과제가 많이 남아 있다. 그러나 지주 회사 체제를 도입하는 경우 기업 경영의 투명성은 매우 높아지게 된다. 이는 대주주가 자회사의 주식을 통해 기업을 지배해야 하기 때문에, 출자 지분이 증가하고 동시에 의사 결정의 관점이 자연스럽게 주주 중심으로 옮겨 가기 때문이다. 또한 지배 구조가 명확히 드러남에 따라 개별 기업의 의사 결정과 성과 측정이 용이해진다는 점도 들 수 있다.

지주 회사 체제의 두 번째 장점은 빠른 의사 결정이 가능해진다는 점이다. 앞에서 언급한 바 있는 순환 출자와 상호 지급 보증은 구조 조정에 큰 걸림돌이었다. 어느 한 사업이 무너지면 그룹 전체가 위태

해지기 때문에 안 되는 사업임을 뻔히 알면서도 계속 투자하고 부실을 메워 결국에는 손댈 수 없는 상황을 초래해 온 것이 IMF 이전 우리나라 많은 재벌들의 실상이었다. 하지만 지주 회사를 통한 단순한 소유 구조는 부실한 자회사의 조기 매각, 우량 기업의 조기 인수를 가능하게 해 준다. 또한 지주 회사가 전체적인 사업 포트폴리오의 성과 향상과 자회사 간 시너지 창출을 위해 다양한 활동을 전개할 수 있다는 것도 지주 회사 체제의 장점이다.

이 같은 뚜렷한 장점에도 불구하고 지주 회사 체제를 택하는 기업들이 많지 않은 것은 현재의 대규모 기업 집단의 지배 구조를 지주 회사로 전환하기 위해서는 오너가 막대한 자본을 출연하여 계열사의 지분을 일정 부분 확보하거나 일부 계열사에 대한 소유권을 포기하여야 하기 때문이다. 한국의 대규모 기업 집단들의 규모는 이미 너무 거대하기 때문에, 오너 개인이 경영권을 행사하기에 충분한 지분을 보유하는 것은 현실적으로 불가능한 경우가 많다. 따라서 지주 회사 체제가 실효를 거두기 위해서는 제도를 유연하고 단계적으로 적용하여 기업들에 현실성 있는 주문을 해야 할 것이다. 한국은 또한 대규모 기업 집단의 수가 많지 않기 때문에 몇몇 기업 집단들을 예외적으로 따로 관리하는 것도 하나의 방법일 것이다. 또한 지주 회사와 자회사에 대한 이중 과세나 M&A 시장의 활성화 등도 지주 회사 체제가 현실에서 유효한 제도가 될 수 있는 한 방편이므로 정부가 노력해야 할 부분이다.

3. 출자총액제한제도의 문제점

앞서 한국 경제의 발전에서 이야기했듯이 과거 우리나라의 경제 성장에서 정부와 기업의 유착 관계를 통해 기업은 정부로부터 자금의 특혜(정부의 압력으로 은행 기관으로부터 저금리로 자금을 유치할 수 있었음)와 산업의 선별적 우위(정부의 육성 산업에 따라 일부 기업들끼리 나눠 먹기식 행태가 이루어짐)를 점하였고, 그 결과 한국에만 존재하는 재벌(대규모 기업 집단)이라는 형태로 생산 집중, 과도한 업종 다각화, 소유·지배·경영권의 집중이 이루어져 왔다.

그러나 1980년대 들어와서 경제의 자율성과 정부의 개입을 축소해야 한다는 필요성이 대두하였고, 그러한 인식은 설득력 있게 확산되어 1987년 독점 규제 및 공정 거래에 관한 법률(공정거래법)이 제정되었다. 공정거래법의 목적은 독과점 기업의 남용 행위와 경제력 집중을 방지하고 경쟁 제한적 공동 행위 및 불공정 거래 행위를 규제하여 공정하고 자유로운 경쟁을 촉진함으로써 창의적 기업 활동을 조장하고 소비자를 보호하며 국민 경제의 균형 있는 발전을 도모하려는 데 있다.

공정거래법의 대(對) 기업 정책을 정리하면 독점적 지위의 남용을 방지하려는 정책과 재벌의 산업 집중을 방지하려는 정책으로 구분할 수 있는데, 이 중 재벌의 산업 집중을 방지하려는 수단으로 도입된 출자총액제한제도의 문제점과 그 해결 방안에 대해 이야기하겠다.

(1) 출자총액제한제도의 도입 경위

과거 우리나라 정부는 단기간에 경제를 성장시키기 위하여 정부 주도로 수출 지향적 경제 성장 정책을 실행하였다. 그 과정에서 수출을 주도하는 기업에 시중 자금 금리인 25~30%보다 훨씬 낮은 5~6%의 차관 금리를 적용시켜 주었고, 아울러 국가 경제의 중요 산업 부문에 극소수의 기업들에 허가권을 주어 자연스럽게 독과점적 지위를 부여하였으며, 그 결과 한국에만 있는 재벌이 생겨나게 되었다.

재벌이라는 특수한 기업 형태를 만들면서 한국 경제는 단기간에 세계 경제사에 일찍이 없었던 경제 성장을 이룰 수는 있었지만 또 다른 한편으로는 타인 자본의 희생을 바탕으로 그룹 총수가 사익을 추구했던 것도 사실이다. 그 과정은 우리나라 대규모 기업 집단의 소유·지배 구조의 특수성에서 찾을 수 있는데, 그 소유·지배 구조는 그룹 총수가 지주 회사 역할을 하는 소수 주력 기업의 지배권을 확보하고 주력 기업이 다시 타회사의 지배 주주가 되는 구조를 말한 다. 이러한 기업 지배 구조 아래 기업 집단의 계열 확장은 주로 차입 금이나 외부 주주의 자금을 동원하여 이루어져 왔다. 사실 계열사 간 출자가 전부 자기 자본만으로 이루어지는 경우 그것은 기업의 의 사 결정에 맡기는 것이 당연하다. 하지만 차입금이나 외부 주주의 자금, 특히 외부 주주에 의한 통제가 제대로 작동하지 않는 비상장 계열사의 출자를 통하여 계열사를 확장하는 경우에는 비상장 계열 사 외부 주주들의 희생을 바탕으로 이루어지게 되는 것이다. 이러한 기업 지배 구조의 개선을 목적으로 출자총액제한제도가 만들어지게 되었다.

(2) 출자총액제한제도의 문제점과 해결 방안

출자 총액 제한 규제는 공정거래법 도입 당시인 1987년에 '계열사 출자가 재벌 확장의 핵심 수단'이라는 인식 하에 과도한 기업 확장을 막는다는 목적으로 도입되었다. 당시에는 30대 그룹에 대해 순 자산 의 40% 이상을 출자할 수 없도록 제한하였으나 현재는 25%로 그 제한선을 낮추어 더 강화하여 실행하고 있다.

그러나 출자총액제한제도를 통해 기업 지배 구조의 왜곡 문제를 어느 정도 해소했느냐를 살펴보면 그 제도의 실효성에 의문이 든다.

출자 비율은 출자 총액을 순자산으로 나눈 비율인데, 분모인 순자

[표 3-8] 대규모 기업 집단의 출자 현황 추이
(단위 : 조 원, %)

구분	1987	1990	1993	1996	1999	2002	2004
출자 총액(A)	3.3	5.9	8.2	13.6	29.9	55.0	35.1
순 자산액(B)	7.5	18.3	29.1	54.8	92.0	199.7	154.6
출자 비율(A/B)	43.6	32.1	28.0	24.8	32.5	27.6	22.7
내부 지분율	56.2	46.2	43.4	44.1	51.3	46.4	44.8
– 동일인	–	14.7	4.1	4.8	1.3	1.6	1.5
– 특수 관계인	–		6.2	5.5	3.6	2.4	2.5
– 계열 회사	–	31.5	33.1	33.8	46.4	42.4	40.8

자료 : 공정거래위원회 보도 자료(출자 총액 제한 기업 집단 현황 분석 매년 발표 자료 참조)

산이 증가하면 출자 비율은 감소하게 된다. 즉, [표 3-8]에서 알 수 있듯 순자산의 증가를 통해 출자 비율은 법 규제의 상한선을 만족시키고 있으나, 내부 지분율에서 동일인과 특수 관계인의 지분은 소폭 감소한 반면 계열 회사의 지분은 1990년의 31.5%에 비해 2004년에는 9.3%p 증가한 40.8%를 나타내고 있어 결국 큰 변화가 없음을 알 수 있다.

또한 출자총액제한제도가 도입된 1987년과 2005년 현재 기업의 경영 환경을 비교해 보면 많은 차이점을 보인다. 과거 1980년대 말과 달리 지금은 많은 기업들이 새로운 유형의 무역, 해외 투자, 기업 간 협력·제휴 등을 통해 사업 활동을 국제적으로 확장하면서 신시장에 진입하고 있으며, 이에 따라 상품, 서비스, 투자, 기술, 인력 등의 국제적 흐름이 크게 증가하고 국민 경제에서 외국 기업들이 차지하는 비중도 커지고 있다. 이러한 환경 변화에 재벌에 대한 규제가 세계 시장에서 경쟁하는 국내 대기업들의 경쟁 능력을 손상시킬 가능성이 있다는 우려가 제기되고 있다.

아울러 규제 대상 그룹에 속했다는 이유만으로 그 그룹에 속한 기업이 규제를 받는 상황이 발생하고 있는데, 이것은 그 기업이 속한 산업에서 경쟁 촉진을 통한 경쟁력 강화보다는 일률적인 규제 적용으로 인한 부작용의 사례로 들 수 있을 것이다. 예컨대, TV 홈쇼핑 산업에서 GS그룹이 출자 총액 제한 대상 기업 집단에 속하여 규제를 받는다고 하면 이런 상황에서 GS홈쇼핑이 현대홈쇼핑이나 CJ홈쇼핑보다 시장 지배력이 더 있다고 할 수 없는 상황임에도 불구하고 오히려 규제의 대상이 되어 홈쇼핑 산업 내의 경쟁을 저해하는 요소로 작용할 수 있다.

마지막으로 법 개정을 통해 출자 총액 제한의 예외 인정(부품 생산 중소기업과의 기술 협력, 외국인 투자 기업 또는 정부 출자 기업에 대한 출자, SOC, 유상 증자, 부품 생산 중소기업과의 기술 협력 등)이 확대되어 처음 규제의 취지가 퇴색되어 있는 것이 사실이다.

앞에서 살펴본 바와 같이 출자총액제한제도는 재벌 기업들의 내부 지분율을 감소시키지도 못했을뿐더러 외국 기업과의 역차별을 불러일으켜 국내 기업의 경쟁력을 저해시킬 가능성도 있으며, 일률적인 법 적용으로 인한 피해가 발생할 수도 있고, 예외 인정의 확대 등을 통해 그 취지가 퇴색되어 있는바 출자총액제한제도는 그 실효성이 의심된다고 볼 수 있다.

[표 3-9] 경제 위기 이후 지배 구조 관련 제도 변화

구 분	1998년 이후 제도 변화
투명성/ 감사 제도	- 30대 그룹 결합 재무 제표 도입(1999 시행)
	- 외부 감사인 및 회계 관계인 부실 회계 책임 강화
	- 감사인 선임위원회 의무화
	- 2/3 이상 사외 이사로 구성된 감사위원회 의무화, 상법상 감사, 감사인 선임위원회 의무 면제
	- 기업 공시 제도 개선, 공시 위반에 대한 처벌 강화
	- 국제 회계 기준과의 조화
	- 10대 그룹 대규모 내부 거래 의사회 의결 및 공시 의무화
CEO/ 이사회/ 그룹 경영 조직	- 회장실 등 폐지, 구조 조정 추진 본부 신설
	- 총수의 대표이사 등재 유도
	- 지주 회사 제한적 허용
	- 지배 대주주를 업무 집행 지시자(사실상 이사)로 규정(1998. 12. 상법)
	- 이사의 충실 의무 규정(1998. 12. 상법)
	- 상장 기업 사외 이사 선임 의무화
	- 사외 이사 중심의 이사 후보 추천 위원회
	- 이사회 내 소위원회 설치
	- 이사회 의사록 기재 강화
	- 이사회 의장과 CEO 분리 검토
주주 총회/ 주주권	- 소수 주주권 행사 요건 완화
	- 집중 투표제 도입, 의무화 검토
	- 단독 주주권 도입 검토
	- 집단 소송제 도입
	- 서면 투표, 의결권 대리 행사 활성화
기관 투자자	- 기관 투자자 의결권 행사 허용:신탁 재산(투신과 은행의 신탁 계정에 의결권 부여)
	- 금융 기관이 보유한 계열사 주식에 대해서는 의결권 제한 계속
지배권 시장	- 외국인 포함 적대적 M&A 허용
	- 의무 공개 매수 제도 폐지
	- 자사주 취득 한도 폐지
	- 기업 결합 심사 기준 완화
	- 기업 분할제 도입(1998. 12. 상법)

자료 : 성소미, 『대규모 집단 규제의 개선 방안』, 한국개발연구원(2001)

그렇다면 기업의 지배 구조를 개선하기 위해서는 어떻게 해야 할까?

지난 1997년 IMF 외환 위기 당시 우리나라는 글로벌 스탠더드를 충족시키기로 IMF와 협약을 맺어 상당 부분 제도를 도입하여 시행하고 있는 상황이다. 경제 위기 이후 지배 구조 관련 제도 변화는 [표 3-9]와 같다.

이미 실행되고 있는 제도들을 통해 우리나라는 기업 경영의 투명성이 제고되고 있다고 볼 수 있다. 예컨대, 지주 회사 제도를 본다면 과거와 같이 하나의 모회사격인 기업을 통해 계열 회사를 지배하고 다시 그 계열 회사를 통해 또 다른 계열 회사를 지배하는 구조는 이제 지주 회사를 통해 해결된다고 볼 수 있다. 지주 회사 제도는 계열 회사라 말할 수 있는 모든 회사에 대하여 경영권 행사에 합당한 지분(비상장 회사 50% 이상, 상장·등록 회사 30% 이상)을 가지고 있어야 하므로 과거와 같은 출자 고리로는 지탱할 수 없는 것이다.

결국 이러한 제도들이 잘 정착되도록 정부 및 시장의 역할이 충분히 뒷받침된다면 과거와 같은 문어발식 부실 경영은 발붙일 수 없을 뿐더러 현재와 같은 기업의 소유·지배 구조는 사라지고 소유와 경영이 분리된 선진 경영이 토착될 수 있으리라 믿는다.

4. 증권 관련 집단 소송 제도

(1) 집단 소송법

1997년 외환 위기 이후 정부 주도로 금융 산업에 대한 구조 조정 및 기업 구조 개혁이 실시되었다. 이러한 일련의 과정에서 많은 제도가 이미 도입되어 실행되고 있으며 또한 실행될 예정이다. 이 중 증권 관련 집단 소송법의 내용을 살펴보면, 입법의 취지는 증권 시장에서 발생하는 기업의 분식 회계·허위 공시·시세 조정·미공개 정보 이용과 같은 각종 불법 행위로 인하여 다수의 소액 투자자들이 재산상의 피해를 입은 경우 그들의 집단적 피해 구제의 효율화를 도모하고, 궁극적으로는 기업 경영의 투명성을 제고하기 위함이다. 법 실행은 2005년 1월 1일부터 시행되며, 적용 대상 기준은 거래소 및 코스닥 상장 기업 중 자산 총액 2조 원 이상의 기업[8]으로, 소송을 제기할 수 있는 사유는 1) 유가증권 신고서 및 사업 설명서의 허위 기재 또는 중요한 사항의 기재 누락, 2) 사업 보고서·반기 보고서 및 분기 보고서의 허위 기재 또는 중요한 사항의 기재 누락, 3) 미공개 정보의 이용·시세 조작, 4) 외부 감사인의 부실 감사로 제한하고 있다. 소송을 제기하려면 피해 집단 구성원이 50인 이상으로 피고 회사 발행 주식의 1만분의 1 이상을 보유하고 있어야 하고, 반드시 변호사를 선임하여야 하며, 소송 제기에 대하여는 법적 요건의 충족 여부에 대한 법원의 허가 결정이 있어야 한다. 법원의 허가를 받지 아니하고 소의 취하, 소송상 화해 등을 할 수 없도록 하는 등 소송 남발을 제한하는 규정을 두고 있다.

(2) 우려되는 점 및 해결 방안

집단 소송법의 시행으로 인해 우려되는 사항은 크게 두 가지가 있다. 하나는 집단 소송의 남용이고, 다른 하나는 과거 분식 회계에 대한 기업의 책임을 물을 수 있다는 것이다. 우선 집단 소송 남용의 경우를 살펴보기 위해, 우리보다 먼저 이 법을 시행하고 있는 미국의 경우를 보자.

미국은 1933년 증권법 및 1934년 증권 거래법의 규정을 근거로 증권 관련 집단 소송이 이루어져 왔다. 이 법의 시행은 미국 증권 시장의 효율성 제고 및 확보에 긍정적인 역할을 수행해 왔다고 하는

---

8) 거래소 및 코스닥 상장 기업 중 자산 총액 2조 원 미만인 기업에 대하여는 미공개 정보 이용·시세 조작 행위로 인한 경우를 제외하고는 2007년 1월 1일부터 시행.

것이 지배적인 의견이다. 이 법은 사기로 피해를 입은 투자자들의 피해를 구제하는 데 필수적인 수단으로서 기능하였으며, 미국 증권 시장에 대한 투자자들의 신뢰를 증진시켰고, 위법 행위를 사전에 억제하고 발행인·회계 감사인·이사 등이 직무를 적정하게 수행하도록 영향을 미쳤다. 그러나 증권 집단 소송이 일부 남용되고 사소한 소송의 제기가 증가하고 있다는 사실이 공감을 얻었는데, 그 소송 남용의 실태는 다음과 같다.

첫째, 주가에 중대한 변화가 생긴 경우 해당 기업의 책임 유무를 불문하고 주주들이 일단 소송을 제기하고 본다. 명확한 소송 원인을 가지고 있지 않더라도 증거 개시 절차에서 소송 원인이 나올 것이라는 막연한 기대 하에 무조건 소송을 제기하기 때문이다.

둘째, 대부분의 증권 소송에서 소송을 통해 변제할 능력이 있는 기업들만 소송의 표적이 된다는 사실이다.

셋째, 이러한 소송의 대부분은 최종 법원 판결까지 가는 경우는 드물고 대부분 화해로 종결되었다. 최종 법원 판결까지 끌고 가기에는 상당한 금전적·시간적 비용이 소요되기 때문에 해당 기업으로 하여금 어쩔 수 없이 화해를 하도록 하였다.

결국 이러한 폐해를 제거하고자 1995년 증권민사소송개혁법이 입법되어 실행되고 있다. 그 개혁 내용을 보면, 기업의 SEC(미국의 증권거래위원회로, 우리나라의 금융감독원에 해당)에 제출하는 서류뿐만 아니라 신문·방송 등 대중 매체와 증권사 애널리스트 등에 대한 자발적 정보 공시에도 적용을 확대하여 증권 집단 소송 제기의 위험을 감소시키려고 하였고, 직업적 원고의 소송 참가를 금지시켰으며, 소장 기재 요건을 강화하여 소송의 남용을 줄이려고 하였다.

우리나라 증권 관련 집단 소송법의 내용은 이러한 소송 남용을 방지하기 위해 미국의 개정 법률 내용을 수용하여 소송 당사자의 요건을 엄격히 적용하며, 집단 소송에 대한 법원의 허가 절차 등 법원의 감독 기능을 강화하는 내용을 담고 있다. 다음으로 과거 분식 회계에 대한 기업의 책임을 묻는 경우가 발생할 수 있는데, 이에 대해서도 금융감독원은 2005년 3월 7일 외부 감사 및 회계 등에 관한 규정의 개정을 통해 법 시행 전(2004년 말)까지의 분식 회계에 대해서 2006년까지 수정 공시할 경우에는 감리 면제 조치 등의 혜택을 약속하였다. 이에 따라 2005년 중에 이미 27개 기업이 과거 분식 회계에 대해 자진 신고하였다.

앞서 말한 두 가지 우려 사항에 대해 정부는 나름대로 해결 방안을 내놓은 상황이다.

하지만, 지난 2001년 12월 당시 미국 역사상 가장 큰 파산으로 기록된 엔론 기업의 파산[9]에서 알 수 있듯이 세계 주식 시장의 표본이라고 하는 미국에서도 시스템만으로 모든 문제를 해결할 수는 없는 것이다. 이미 시행되고 있는 집단 소송법이 그 취지인 기업 경영의

---

9) 2001년 12월 당시 엔론 기업의 파산 규모는 500억 달러에 육박하였다. 엔론은 구조 조정을 통해 부실을 줄이려고 하지 않고, 오히려 회사 부실의 은폐·조작을 통해 주식 가치를 높이려고 하였다. 그 결과 회사의 분식 회계 사실과 부실한 경영 상황이 드러났다.

투명성을 제고하려면, 결국 정부를 비롯한 시장 참여자들의 의지가 가장 중요하다고 볼 수 있다.

정부는 기준과 원칙을 가지고 일관성 있는 정책을 실행하여야 하며, 시장에서 심판자로서의 기능을 다해야 할 것이다. 특별히 정치권에서는 과거와 같이 기업으로부터 음성적 정치 자금을 받으려는 유혹을 과감하게 끊어야 할 것이다. 기업은 윤리 경영 실천을 말로만 할 것이 아니라 실제 행동으로 실행하여야 하며, 국내 투자자만을 대상으로 하는 기업이 아니라 전 세계 투자자가 나를 보고 있다는 생각으로 기업 경영의 투명성 제고에 노력을 기울여야 할 것이다.

5. 노사 문제

우리나라를 포함한 세계의 모든 기업들이 처해 있는 시장 환경은 급속한 변화를 맞고 있다. 경쟁은 글로벌화되고 고객의 욕구는 다양하되고 있어 기업은 이러한 시징 변화에 유언하게 대응하기 위해 총력을 기울이고 있는 실정이다. 세계 일류 기업들은 치열한 경쟁에서 실낱 같은 우위를 점할 수 있는 방법이 있다면 어떠한 대가도 마다하지 않을 태세다. 우수한 품질과 신개념의 제품을 고객의 필요에 맞춰 적시에 생산·공급하지 못하는 기업은 치열한 적자생존 시대에 뒤처져 자연스럽게 도태될 수밖에 없기 때문이다.

그런데 문제는 이런 기업의 유일한 생존 수단이자 경쟁 무기인 혁신 제품과 아이디어가 획일화되고 경직된 생산 시스템 하에서는 더 이상 산출되기 어렵다는 데 있다. 연구 개발 부문은 물론 모든 말단 단위 작업 현장에서도 높은 수준의 기술과 창의성, 헌신성을 갖춘 고급 노동력이 있어야 가능한 일인 것이다. 하지만 이러한 고급 노동력은 원하는 만큼 공장 설비에서 뽑아 낼 수 있는 공산품이 아니라 기업과 근로자 측 모두가 오랜 시간 노력하고 가꾸어야만 수확할 수 있는 소중한 열매와 같은 것이다. 그렇기 때문에 기업 생존 차원에서 고급 노동력 확보 및 그 기반이 되는 협력과 상생의 노사 관계 구축은 반드시 성취해야 할 필수 과제이며 전략 과제라 하겠다.

(1) 노사 관계의 일반적 특징 및 시사점

협력과 상생의 노사 관계를 성취하기 위해서는 먼저 노사 관계에서 나타나는 중요한 특징을 이해할 필요가 있다. 노사 관계의 특징은 첫째, 경제적으로 서로가 서로를 필요로 하는 존재라는 것이다. 이는 어느 한 쪽의 주장과 요구가 일방적이면 다른 한 쪽에서는 이해가 상충되는 문제가 발생할 수 있고, 이는 곧 다시 자신의 문제로 돌아올 수밖에 없는 관계라는 뜻이다. 순망치한(脣亡齒寒)이라는 말이 있다. 없으면 편할 것 같고 혼자서도 잘할 수 있을 것 같지만 노와 사 측은 한 몸이며 같은 배를 탄 처지라는 것을 한순간도 잊으면 안 될 것이다.

둘째, 노사 관계는 고용이나 노무를 위해 계속적으로 일정한 작용을 주고받는 하나의 인간관계인 동시에 사회 관계이기도 하다. 따라서 단순히 물질적인 관계에 그치는 것이 아니라 쌍방 간의 정신세계에 의해서도 많은 영향을 받는다. 정신세계는 다시 그 사회와 국가를 이루는 구성원의 문화, 특정한 가치 등에 영향을 받고 있어 노사 관계는 사회마다, 국가마다 조금씩 다른 특성을 보이고 있다. 이는 다른 선진국이나 일류 기업에서 성공적인 노사 관계를 이룩한 시스템을 액면 그대로 도입한다고 해도 그 기저에 깔린 문화적 배경과 고유한 가치를 이해하지 못한다면 실패할 가능성이 높다는 것을 의미한다. 그러므로 노사 양측이 협의하여 자기 회사의 고유 특성을 잘 반영한 이상적인 노사 관계 이미지를 먼저 그려 보는 것도 성공적인 노사 관계 구축을 위한 좋은 출발점이 될 수 있다.

마지막 특성은 노사 관계가 그 태동을 자본주의 시발에 두고 있어 근본적으로 종속의 성격을 내포한다는 점이다. 근로자는 사용자와 생산을 목적으로 고용 계약을 맺고 노무를 수행한다. 물론 오늘날 노사 관계는 종속적인 성격이 많이 사라졌고, 노사가 근로 조건, 경영 문제 등에서 상당 수준의 수평적 판세를 이루어 내었다고 해도, 태생적으로 보나 사회적 위상으로 보나 사용자 측의 힘이 더 클 수밖에 없는 것이 현실이다. 그러므로 사용자는 넉넉한 마음의 자세가 필요하고, 근로자 측은 일방적인 피해 의식에 의한 극단적인 행동을 자제할 필요가 있다.

(2) 우리나라 노동 시장의 환경 변화

긍정적인 노사 관계 구축을 위해 짚고 넘어갈 주제는 노동 시장을 둘러싼 환경의 변화이다. 사용자 측과 근로자 측은 노동 시장과 관련한 큰 흐름의 변화를 주시하고 준비함으로써 성공적인 노사 관계 구축에 한 걸음 더 근접할 수 있다.

우선 가장 큰 환경 변화는 노동 시장과 기업 내 고용 사정의 변화이다. 한국의 경우 초고령 사회로의 급속한 진입으로 근로자의 평균 연령이 점차 높아지는 반면, 상대적으로 젊은 노동력의 유입은 적어 자연스러운 노동력의 세대 교체가 이루어지지 못하고 있는 실정이다. 더군다나 자동화 및 산업 공동화에 따른 시간제 근로자, 임시직, 파견 근로자, 외국 근로자 등이 광범위하게 활용되고 있어 고용의 질적·양적 악화를 가속시킬 것으로 예상된다. 그러므로 노사 양측 모두는 노동 시장의 세대 교체와 필연적인 고용의 유연성 증가에 대비해야 한다.

두 번째 변화는 기업의 세계화 및 합리화 바람이다. 근로자 측은 세계화·합리화의 결과에 따른 사용자 측의 구조 개편과 경영 계획이 기업의 경쟁력 개선을 가져오고 궁극적으로는 높은 경영 성과를 올려 모두에게 이익이 되는 길임을 인정하고 수용해야 한다. 반면 사용자 측도 여러 사례를 잘 연구하여 일방적인 밀어붙이기식 변화를 강요하지 말고 근로자 측의 이해와 동참을 이끌어 낼 수 있는 방안을 미리 준비해야 한다.

마지막으로는 노사 관계를 바라보는 국민 정서의 변화이다. 정보의 개방에 힘입은 일반 대중은 이제 어느 한 쪽의 입장만을 일방적으로 수용하지 않는다. 정보의 양과 질의 향상으로 본인이 분석하고 판단하는 의사 결정 과정을 지향하게 된 것이다. 대기업 노조의 관례적인 파업이나 고임금 근로자의 파업 그리고 공무원 노조 결성 사태 등을 바라보는 국민들의 반응은 냉담했다. 그들의 이 같은 무리한 투쟁은 국민의 공감을 사지 못했으며, 오히려 정서를 악화시켜 근로자 측 권익 향상을 위한 정부의 법개정 의지까지 꺾는 결과를 초래할 수 있다. 반면 사용자 측의 일방적인 전횡이나 도덕적 해이도 기업 이미지 손실과 더불어 실제적인 매출 감소에 의한 실적 악화로 이어질 가능성이 농후하다. 앞서 노사 관계의 특성에서 언급했듯이 노사 관계는 어느 한 사회의 가치나 정신세계와 밀접한 연관성을 가지고 있다. 그러므로 노사는 사회 일반적 정서에서 벗어나는 행위가 더 이상 국민의 공감을 얻지 못함을 명심하고 향후 더욱더 성숙된 자세로 노사 관계에 임해야 할 것이다.

(3) 노사 관계 향상을 위한 제언

우리가 살고 있는 세계화·정보화 시대에서는 '물적 자산'이나 '단순한 노동력' 투입에 의한 양적 확장만으로는 더 이상 기업이 생존할 수 없음이 증명되고 있다. 이제는 '지식 자산'과 '창의성을 지닌 노동력' 투입만이 더 높은 차원의 경쟁력을 확보하는 유일한 길이며 기업이 지향해야 할 생존 방식인 것이다. 향후 도래할 지식 기반 경제 시대에서는 노와 사가 새로운 문화를 창출함과 동시에 이를 기반으로 지식을 공유하고, 축적된 지식을 생산 시스템과 연계하여 혁신을 이끌어 낼 수 있는 상생의 노사 관계 구축이 어느 기업이든 달성해야 할 가장 중요한 목표 중 하나가 될 것이다. 이런 성공적인 노사 관계 구축을 위한 기본적인 방향은 다음과 같다.

1) 노사정위원회 위상 제고 및 역할 확대

노동 운동을 지지하는 사람들은 노조 활동이 근로자의 고용 불안 감을 감소시키고 복지를 향상시켜 기업의 경쟁력을 높인다고 주장 한다. 그러나 사용자 측은 오히려 노조 활동이 경영권 행사에 심각 한 위협이 되며 비효율적인 비용을 증가시켜 기업의 경쟁력을 떨어 뜨리고 종국에는 근로자 자신까지 손해라는 입장이다. 둘 다 맞고 둘 다 틀리다. 그래서 어느 한 쪽의 손도 들어 줄 수 없는 상황이다. 기업이 경쟁력 있고 국가가 경쟁력 있다는 것은 강한 노조가 있어서 도 아니고 노조가 아예 없어서도 아니다. 사용자와 근로자 간의 이 해와 협력에 기반을 둔 올바른 노사 관계가 정립됐을 때에만 가능한 것이다. 그렇다면 누가 어떻게 누구의 손을 들어 줄 것인가라는 문 제가 남는다. 여기에서 제3의 중재자가 필요하다.

다행히 노사 양측은 정부라는 강력한 제3자를 보유하고 있다. 물 론 정부에 대한 신뢰도는 각각의 입장에 따라 틀리지만 말이다. 그 렇기 때문에 정부 차원에서의 노사정 협력 기조 확립과 상호간 신뢰 회복을 위한 '노사정위원회'의 위상 제고를 먼저 이루어야 할 필요가 있다. 법제화를 통해 대통령 상설 자문 기구(설치 근거 : 노사정위원 회법)가 되었지만, 노사정위원회는 개별법에 의해 설치된 다른 위원회에 비해서 낮은 위상을 가지고 있다. 이는 노사정위원회가 설치 근거를 개별법에 두고 있음에도 불구하고 기타 대통령령에 의해 설치된 자문 위원회와 마찬가지로 성격이 규정되어 운영되기 때문이다. 노사정위원회는, 장기적으로는 독립적인 위원회로서의 지위를 가져야 할 것이지만, 중단기적으로는 타 자문 위원회보다 강한 자문 기능을 수행할 수 있는 제도적 장치가 우선 보완되어야 할 것이다.

하지만 법률적인 지위와 위상 제고는 노사정위원회의 역할 강화 과정의 시초에 불과하다. 노사정위원회 본연의 역할인 사회적인 합의 도출 및 여론을 선도하기 위해서는 노사 양측으로부터의 신뢰 회복이 필수이다. 그렇게 하기 위해서, 노사정위원회에서는 일반 국민들을 포함한 이해 당사자 모두에게 언제나 사회적 협의가 필요한 큰 이슈들이 합의되고 이행될 수 있다는 믿음을 심어 주어야 한다. 만약 이러한 믿음들을 기반으로 한 노사정위원회가 탄생할 수 있다면 그 잠재력은 참으로 무궁무진하다고 할 수 있다.

예를 들어, 노사정위원회에서 기업의 손익, 물가 상승, 경제 성장률 등과 같은 서너 개의 경제 지표를 골라 업종별 임금 상승률을 정한다고 생각해 보자. 그렇게 된다면 보다 하위 수준인 개별·산별 노조에서의 임금 교섭 비용은 획기적으로 줄고, 이는 곧 기업의 경쟁력 강화로 이어질 것이다. 우리나라에서 파업에 의한 연간 손실액만 평균 1조 원에 이른다고 한다. 따라서 임금 협상 외의 분야에서도 노사정위원회가 분쟁 조정의 역할을 할 수만 있다면 절약되는 사회적 비용은 천문학적인 수치가 될 것이다.

2) 합리적이고 공정한 보상 체계

최근 직장인을 대상으로 한 설문 조사에서 업무 수행에 동기 부여를 가장 많이 하는 것은 보너스(임금 인상)라는 조사 결과가 나왔다. 원만한 노사 문화 구축을 위해서는 합리적이고 공정한 보상 체계 수립이 무엇보다도 중요함을 반증하는 것이다. 보상 체계는 어떤 기준에 의해 보상을 결정할 것인가가 핵심 사항이며, 그 기준이 합리적이고 공정한 경우에만 조직이 필요로 하는 동기가 부여된다.

현재로서는 성과 지향적인 보상 체계로의 개선이 노사 모두에게 가장 합리적인 시스템이 될 것으로 판단된다. 기업은 성과에 따라 보상을 함으로써 지불 능력을 넘어서는 인건비 증가를 방지할 수 있고, 근로자는 개인의 업적에 따른 보상을 받게 되므로 합리적이라 할 수 있다. 또한 성과를 내기 위해선 근로자의 능력 개발이 필수이고, 그 점에선 사용자 측이나 근로자 측의 이해관계가 일치되므로 금상첨화이다. 다만 보상 체계의 구성은 단순하면 단순할수록 좋을 것이다. 불필요하게 복잡한 보상 시스템은 근로자 측의 괜한 오해를 살 수 있고 이해도를 떨어뜨려 비효율적이다.

3) 자발적인 노사 참여 및 협력 문화 확립

노사 관계의 주체는 정부도 국민도 아닌 바로 노사 양측이므로 변화의 주체 역시 그들이 되어야 한다. 그러기 위해서 양측은 노동 시장을 둘러싼 환경 변화를 직시하고 노사 관계의 특성을 이해할 필요가 있다. 서로에 대한 이해가 기반이 될 때 비로소 상대방의 입장을 공정히 바라볼 수 있는 안목을 가질 수 있는 것이다. 양측이 어찌 되었든 서로에게 협력할 수밖에 없는 공생공사의 파트너임을 자각하고 자발적인 참여 문화를 확립하여 많은 부분에서 협력하면, 오늘날같이 급변하고 불확실한 비즈니스 환경 하에서는 큰 보험을 들어 놓은 것과 다름이 없다. 미리 대처하지 못해 늦은 감은 있지만, 늦은 가운데 자발적인 합의를 끌어내어 더 큰 위기를 넘긴 네덜란드 노사 협력의 사례를 보면 자발적인 참여와 협력의 노사 문화가 얼마나 큰 힘이 되는지 잘 알 수 있다.

노사 협력의 이상적인 형태에 대한 제언

- 기업이 투명 경영을 하기 위해서는 분식 경영의 구실이 되는 정치자금법의 개정이 급선무이다.
- 기관 투자자 제도가 확립되면 점차적으로 대기업은 오너 경영 체제에서 탈피해야 한다. 기관 투자자 제도가 정착해서 오너를 대신하기 위해서는 상당한 시일이 필요할 것이다. 궁극적으로는 오너도 기관 투자자의 일원으로서의 역할을 담당하는 것이 이상적이다.
- 대기업의 기관 투자가 집단에 의해 지배되고 투명 경영이 제도화될 때 노조에도 경영 참여의 기회가 주어질 수 있을 것이다. 그렇게 되면 우리나라 기업은 세계에서도 으뜸가는 경쟁력을

가지게 될 것이다. 기업의 소득은 새로운 투자, 종사원의 보수, 주주 배당, 그리고 사회 환원 등으로 자본주의의 진수를 이루게 될 것이다.

네덜란드의 사례

1973년 제1차 석유 파동은 세계 경제에 커다란 영향을 미쳤고 네덜란드도 예외는 아니었다. 네덜란드의 경우 상대적으로 천연가스 자원이 풍부하여 오히려 정부의 수입을 늘려 주었기에 큰 혜택을 보고 있는 실정이었다. 그러나 이런 일시적인 수익은 네덜란드 경제 근저에 깔려 있던 실업률 상승, 인플레이션 및 정부 부채 증가 등의 악재를 일시적으로 가려 주는 장애물 역할을 하고 있었다. 문제 상황을 올바르게 파악하지 못하고 대책 방안을 마련하지 못했던 네덜란드 경제는 마침내 1978년 2차 석유 파동을 전후로 최악의 국면을 맞이하게 되었다. 물가와 실업률은 급격히 치솟았으며, 무엇보다도 청년층 실업률은 개선될 기미를 보이지 않았다. 서로의 입장을 고수하다 뒤늦게 위기를 절감한 노사는 자발적인 협약을 맺게 되었는데, 그 결과물이 바로 바세나르 협약(Wassenaar Agreement, 1982)이다. 노조가 먼저 임금 동결 수용, 물가 연동 조항에 의한 임금 인상을 포기하기로 하였고, 사용자도 노동 시간 단축을 허용함으로써 노사 양자 간 자율적인 협상이 성사되었다. 정부도 노사 양측의 자발적인 협약에 발을 맞추어 복지 제도의 효율화와 재교육을 통해 복지 생활자의 취업을 돕고, 최저 임금의 인하 및 감세로 사용자 측의 임금 부담을 감소시켰다. 바세나르 협약을 필두로 한 노사 협력 문화 확립은 향후 10여 년에 걸쳐 네덜란드 경제에 영향을 미쳤고 경제 위기를 극복하는 중요한 계기가 되었다. 물론 네덜란드 사례를 우리나라에 그대로 적용하기에는 그 사회와 문화적 특성을 고려할 때 여러 가지 제약 요소가 있을 수 있다. 하지만 상호 신뢰에 바탕한 사회적 합의 및 협력 체계 구축 과정은 우리에게 큰 시사점을 던져 주고 있는 것이 사실이다.

6. 고용 증대 방안

고용 문제는 물가 문제와 더불어 일반인들이 피부로 쉽게 느낄 수 있는 민감한 사항이다. 특히 실업률의 증가 같은 문제는 실직자 개인의 고통에서 그치는 것이 아니라 사회적 불안과 동요를 야기한다. 최근 부각된 청년 실업 문제가 큰 사회적 이슈가 되고 있음이 좋은 예라 하겠다. 또한 높은 실업률이 지속될 경우 경제의 3주체 중 하나인 가계의 소득을 감소시킴으로써 소비 부진을 야기하고, 이는 다시 기업의 투자 감소로 이어져 장기적인 경기 침체로 진입하는 악순환 고리의 시발점이 된다.

이처럼 고용 문제는 경제·사회적인 측면을 동시에 고려해야 하므로 경제 정책을 세울 때도 가장 비중 있게 다루어지는 분야 중 하나이다. 고용 문제와 관련해서 과거 30년간 우리 경제의 가장 두드러진 특징 변화는 제조업 부문의 비중 축소와 서비스 부문의 비중 증

[표 3-10] 부문별 총 취업자 비중

(단위 : 천 명, %)

구 분	1975	1980	1985	1990	1995	2000
전체 산업	11,692	13,684	14,970	18,085	20,415	21,156
농림·어업	45.7	34.0	24.9	17.9	11.8	10.6
광업	0.5	0.9	1.0	0.4	0.1	0.1
제조업	18.6	21.6	23.4	27.2	23.6	20.3
서비스업	35.2	43.2	50.6	54.5	64.5	69.0

자료 : 통계청

가이다([표 3-10]).

제조업 부문의 고용 비중은 1975년 18.6%에서 증가하기 시작하여 1990년 27.2%를 기록한 이래 지속적인 감소세를 유지하고 있는 반면, 서비스 부문의 경우 1975년 이후 꾸준한 증가세를 보이며 성장하여 우리나라 고용 시장을 주도해 가는 것을 알 수 있다. 1990년대 과도한 설비 투자가 외환 위기의 단초를 제시하였다는 주장이 제기될 정도로 제조업에서의 많은 투자가 이루어졌지만 제조업 부문에서의 고용 창출 효과가 오히려 감소한 것은 실로 시사하는 바가 크다. 이번 장에서는 고용 문제와 관련해서 한국이 현재 직면해 있는 산업 구조적인 환경 변화를 짚어 보고 근본적인 고용 증대 방안에 대해 논의해 보고자 한다.

(1) 고용 시장의 환경 변화

한국의 유례없이 빠른 초고령 사회로의 진입은 우리 경제는 물론 고용 구조에도 큰 영향을 미치고 있다. KDI가 2004년 11월에 발표한 「인구 고령화와 잠재 성장률 보고서」에 의하면 기술 혁신 등에 따른 총 요소 생산성 증가율이 1.5% 수준을 유지하고 2003년 수준의 합계 출산율(1.19명)이 지속된다면 우리나라의 잠재 성장률은 현 5% 수준에서 2020년에는 2.91%, 2040년에는 0.74%에 그치게 돼 본격적인 저성장 시대가 도래한다고 한다. 당연한 이야기지만 낮은 성장률은 다시 기업의 고용 창출 문제로 연결될 수밖에 없어, 본격적인 저성장 시대의 도래는 장기적인 고용 불안을 예고하는 신호탄인 것이다.

한국 경제는 2003년 고용 정체형 성장(Jobless Growth)의 모습을 보이며 20년 만에 처음으로 3% 내외의 성장과 20% 내외의 수출 증가에도 불구하고 3만 개의 일자리가 감소하였다. 다급해진 정부는 2004년 경제 정책의 최우선 순위를 '일자리 창출'에 두어 각종 직·간접적 고용 대책들을 쏟아 내었다. 1월 말에는 공공 부문에서 8만 개의 새로운 일자리를 창출하고 '고용증대 특별 세액 공제 제도'[10]를 도입한다고 발표했으며, 곧이어 노사정위원회에서는 향후 2년간 노동계가 임금 안정에 협력하고 사용자 측은 인위적인 고용 조정을 최대한 자제한다는 '일자리 창출 사회 협약'이 맺어졌다. 또한 국무총리를

---

10) 향후 3년 동안 추가 고용 근로자 1인당 1백만 원씩의 법인세액을 감면해 주는 제도.

위원장으로 사용자 측 대표, 노동계, 노사정위원회, 관계 부처 장관 등이 참여하는 '일자리 창출 특별위원회'도 구성되었다. 사회 전반의 이런 분위기에 편승하여 2004년 일자리 수는 양적인 측면으로 분명 증가하였고, 전년 대비 고용률 및 경제 활동 참가율도 각각 0.5%, 0.6% 상승하였다.

하지만 한국 경제의 기저를 살펴보면 2004년 일자리 수 증가는 한시적인 현상에 그칠 수도 있다는 우려를 금하기 힘들다. 고용에 대한 근본적인 대책이 체계적으로 수립되지 못한다면 고용도 없고 성장도 없는 장기 침체의 늪으로 떨어질 가능성이 매우 높은 상황인 것이다. 한국은 노동 생산성 증가, 기술의 진보, 산업 구조의 고도화, 그리고 해외 진출에 따른 산업 공동화 등으로 경제 성장의 일자리 창출 능력이 지속적으로 하락하고 있는 추세이다. 경제 성장과 일자리 창출의 상관 관계를 보여 주는 취입 유발 계수[11]의 추이를 보면 1990년대 이후 지속적으로 감소하는 것을 알 수 있다([표 3-11]). 특히 제조업 부문에서의 취업 유발 계수는 1990년 9.1 수준에서 급감하여 2000년 3.7 수준을 보이고 있어, 제조업에서의 일자리 창출 능력은 매우 악화되고 있는 실정이다. 반면 서비스 부문에서의 일자리 창출 능력은 상대적으로 높은 수준을 유지하고 있어 향후 서비스 부문에 대한 정책적인 고려가 반드시 있어야 할 것이다.

제조업에서의 고용 창출 능력이 떨어지는 것은 어쩔 수 없는 대세

---

11) 생산액 10억 원당 필요한 취업자 수.

[표 3-11] 산업별 취업 유발 계수 (단위 : 명/십억 원)

구 분	1990	1995	2000
전체 산업	28.8	24.8	19.9
1. 농림·어업·광업	6.2	3.4	2.7
2. 제조업	9.1	7.0	3.7
−섬유 및 가죽	3.5	1.7	0.6
−전기·전자 기기	1.5	1.2	0.7
3. 서비스업	13.5	14.4	11.8

자료 : 한국은행, 2000년 산업 연관표

이다. 우리나라의 경제도 선진국과 같이 산업 구조가 고도화되면서 노동 집약적인 산업에서 기술 집약적 혹은 기술 혁신적인 산업으로 그 중심축이 옮겨 가고 있기 때문이다. 하지만 이러한 대세는 어쩔 수 없다고 하더라도 우리나라의 경우 제조업의 고용 창출 능력을 더욱 악화시키는 요인이 있다. 그것은 우리나라가 대부분의 기초 기술(부품·소재 포함)을 해외에 의존하고 있어, 산업 고도화와 후방 산업의 호조 등에 따른 수출 증가세가 내수 부문의 개선으로 연결 되지 못하고 있다는 점이다.

우리나라에서 현재 핵심 주력 산업으로 분류되는 IT 부문(반도체, 무선 통신 기기, 컴퓨터 등)의 수입 의존도는 매년 상승하여 1990년 에 25%에서 2000년에는 36.8%에 다다랐다. 같은 기간 동부문 국 산화율은 당연히 1990년 62.0%에서 2000년 49.5%로 낮아졌고, 일 반 제조업의 경우도 1990년 68.7%에서 2000년 63.2%로 낮아져 부

[표 3-12] 수입 의존도 및 국산화율 (단위 : %)

구분		1990	1995	2000
수입 의존도	제조업	18.0	18.0	21.8
	IT	25.0	29.0	36.8
국산화율	제조업	68.7	69.8	63.2
	IT	62.0	58.1	49.5

주 : 1) 수입 의존도 = 중간재 수입액÷총투입액×100
　　 2) 국산화율 = 국산 중간재÷중간 투입액×100; (중간재의 국산화 정도를 나타냄)
자료 : 한국은행, 「산업연관분석 개요」(1995, 2000)

품·소재 부문의 발전이 매우 시급하다([표 3-12]). 이러한 산업 구조 하에서는 수출을 하면 할수록 부가 유출되어 수출과 내수의 괴리가 커지고 고용 창출 역시 기대하기 힘들게 된다.

(2) 고용 증대 방안

수많은 장·단기적인 고용 증대 방안이 있을 수 있겠지만 앞에서 애기한 고용 시장 환경 변화와 맞물려 생각해 보면 근본적인 고용 증대 방안은 크게 두 가지로 나눌 수 있다. 첫 번째는 중소기업의 체질을 강화하여 자생력을 키우는 방안이고, 두 번째는 서비스 산업의 활용 방안이다.

1) 중소기업을 통한 고용 증대

산업 고도화를 피할 수 없는 한국 경제에서 특정 산업을 골라 자원을 집중하는 것은 좋으나 그 특정 산업의 모태가 되는 기초 산업의 성장에도 반드시 관심을 두어야 한다. 기초 산업이라 함은 크게 보아 부품·소재 산업을 의미한다고 할 수 있는데, 이 기초 산업 역시 같은 수준으로 성장할 때만이 비로소 우리 경제가 골고루 혜택을 누릴 수 있는 것이다. 특정 산업의 성장이 부품·소재 산업을 부흥시키고, 다시 고용 확대로 연결되지 않으면 시쳇말로 남 좋은 일만 한 꼴이 되기 쉽다.

부품·소재 산업에 대해서는 좀 더 많은 지면을 할애하여 설명할 예정이므로 여기서 자세한 언급은 피하겠다. 다만 이번 장에서 '중소기업'이라는 단어를 사용할 때 '부품·소재 관련 기업'이라는 개념도 염두에 두고 사용했다는 사실을 밝혀 둔다. 그 이유는 우리나라에서 부품·소재 산업을 영위하는 회사들 대부분이 하청 계약을 통해 완성품 업체에 예속되어 있고, 시장 규모도 작기 때문에 사업 규모가 중소 업체를 벗어나기 힘든 실정이기 때문이다.

일자리 문제를 해결하는 데 있어 중소기업의 역할을 과소평가하는 사람은 아무도 없을 것이다. 모두가 그 중요성을 알고 있으며 정부도 중소기업에 대한 지원 정책을 꾸준히 개발하고 실행해 왔다. 하지만 중소기업의 현실은 어떠한가. 사회에는 실업자들이 넘쳐나고 많은 젊은이들은 직업을 구하지 못해 애간장을 태우고 있지만, 중소기업은 여전히 심각한 구인난에 빠져 있고 경영 환경은 열악하여 헤어날 기미가 보이지 않는다.

우리나라 중소기업이 인력난에서 벗어나 본격적으로 일자리 창출에 기여하기 위해서는 무엇이 먼저 실행되어야 할까. 필자는 그 해결의 첫 단추를 중소기업과 대기업의 비정상적인 하청 관계 청산에서 찾아야 한다고 생각한다. 비정상적인 하청 관계란 모기업의 비용이 하청 기업으로 전가되는 관계를 의미하는데, 이런 하청 관계는 1980년대 이후 정부가 중소기업과 대기업 간의 수직 계열화를 의도적으로 추진하면서 고착화되었다. 중소기업과 대기업의 하청 관계는 임금 및 근로 조건의 격차를 확대시켰고 중소기업의 기술력 낙후와 인력난 문제를 야기하였다. 아무리 아이디어를 모으고 혁신적인 제품을 개발한다고 해도 그 혜택을 자신이 가져가지 못하고 대기업에 귀속된다는 것을 잘 알고 있으니, 중소기업을 회피하게 되는 것은 당연하다. 이런 불합리한 관계가 지속되는 한 중소기업이 우수한 인력을 모으는 것은 점점 요원한 일이 된다. 중소기업의 기술 및 제품 개발 능력은 대기업에 비해 떨어질 수밖에 없게 되고, 매출 감소와 낮은 시장 장악력을 초래하여 중소기업의 임금 지불 능력을 떨어뜨리는 악순환 고리를 형성한다. 그렇기 때문에 비정상적인 하청 관계를 끊는 것이 중소기업을 활성화시키고 고용 창출에 이바지할 수 있는 좋은 시발점인 것이다. 구체적인 방법에 대해서는 다음 장에서 좀 더 논의하도록 하고, 여기서는 중소기업 활성화의 정책 방향과 중소기업의 자구적 노력에 대해 이야기해 보겠다.

과거 정부의 경제 정책을 살펴보면 고용 문제를 포함한 모든 경제 정책의 중심에는 항상 대기업이 있었다. 더군다나 부가적으로 발표되는 중소기업 관련 정책들도 들여다보면, 중소기업이 자생력을 키울 수 있도록 경제 환경을 조성하는 것에는 무관심하였고 당장의 문제를 해결해 주는 직접적인 정책 위주였다. 비근한 예로 외환 위기 이후 정부가 조성한 벤처 기업 열풍을 상기해 보라. 정부의 정확한 의도가 어디 있었는지는 모르겠지만 결과론적으로 볼 때 직접적인 지원 정책에 길들여졌던 수많은 벤처 기업들은 자생력을 갖추지 못해 퇴출당했다. 결국 정부의 벤처 기업 정책은 실패로 돌아갔고 주목적이었든 아니었든 간에 벤처 기업을 통한 일자리 창출 역시 큰 소득을 얻지는 못하였다. 이는 왜 정부 정책이 직접적인 자금난 해결이나 중소기업 고유 업종 지정 같은 대증적인 처방에 집중되면 안 되는지를 극명하게 보여 준다. 향후 정부는 중소기업과 대기업의 고질적인 산업 구조의 불합리성을 파악하고 중소기업의 경영 환경 개선을 위한 근본적인 대책 수립에 고심해야 할 것이다.

이러한 구조적인 불합리성을 없애기 위해서는 정부 정책도 중요하지만 중소기업도 나름대로 이를 극복하려는 자구적인 노력이 필요하다. 이제 제품에 대한 소비자의 기호가 다양해져 중소기업이 틈새시장을 파고들기가 용이해지고 있고 정보 통신 기술의 발달 등으로 제품의 개발 주기가 단축되어 신속한 의사 결정이 중요시되는 분위기다. 자본 시장도 발전하여 의지가 있으면 자본을 끌어 모으는 것은 그리 어려운 일이 아닌 세상이다. 이렇듯 다가올 미래 경영 환

경에서는 몸집이 작고 창의적인 중소기업이 획일적인 시스템을 보
유한 대기업보다 더 많은 기회를 얻을 수 있기 때문에 수동적인 입
장에서 전환하여 적극적인 자세로 자신을 변화시켜 나가야 한다. 예
를 들어, 현재 임금 수준으로는 우수한 인력 유치가 어렵다고 판단된
다면 시장 조사를 통해 일류 기업 이상 수준의 과감한 보상 시스템
을 도입하거나, 창의적 제품 개발을 위해 탄력적 조직을 구성해 운영
하는 방안 등도 생각해 보아야 할 것이다.

  2) 서비스 산업 활용 방안

  우리나라 경제가 성숙 단계로 진입함에 따라 제조업에서의 고용
창출은 한계점에 다다르고 있다. 하지만 지난 10여 년간 서비스 산
업에시의 고용 비중 증가는 매년 10% 이상씩 놀라울 정도로 성장해
왔다. 국경 없는 무한 경쟁에 노출되어 생산성 향상이 지상 명제가
되어 버린 제조업에 비해, 영세하고 국지적인 성격이 강한 서비스 산
업에서의 낮은 노동 생산성이 고용 창출 면에선 오히려 긍정적인 효
과를 발휘한 결과이다. 하지만 이런 행운도 여기까지인 듯싶다. 이
미 한국의 고객들은 기대 수준이 크게 높아져 차별화되고 질 높은
서비스를 요구하고 있고, 서비스 시장 역시 이에 발맞춰 급속도로
개방되고 있는 실정이기 때문이다. 하루속히 서비스의 질을 높이고
서비스 산업 종사자의 자질을 향상시키지 못하면 한국의 취약한 서
비스 산업은 경쟁력을 잃고 소비자들에게 외면당할지 모른다. 그 산

[표 3-13] 산업별 월별 평균 임금 수준 및 추이 (단위 : 천 원)

구 분	2004년 12월 누계	전년 동월비(%)
전체 산업	2,255	6.0
숙박 및 음식점업	1,513	5.1
운수업	1,926	4.9
부동산 및 임대업	1,387	2.7
기타 서비스업	1,932	3.8

자료 : 노동부, 「2005년 2월 중 임금, 근로 시간 및 노동 이동 동향」(2005. 5)

업의 수준을 살펴볼 수 있는 지표 중 하나인 월평균 근로자 임금을 비교해 보면 서비스 산업이 전체 산업 평균보다 현저히 낮은 것으로 조사되었고, 특히 '숙박 및 음식점업'과 '부동산 및 임대업'에서의 급여 수준이 매우 열악해 이 부문에서의 개선 여지가 매우 많은 것으로 분석되었다([표 3-13]).

오랜 기간 서비스 분야에서의 일자리 지속 가능성은 제조업보다 더 낮다는 것이 일반적인 생각이었다. 잦은 일자리 이동과 변동으로 제조업보다 서비스업에서 만들어진 일자리의 지속 가능성은 더 낮고, 소멸 가능성은 더 높을 것이라는 게 일반적인 상식이었던 것이다. 하지만 실증적인 분석을 해본 결과 의외의 결과가 도출되었다. 즉 서비스 부문에서의 일자리 창출 지속률은 더 높고, 일자리 소멸 지속률은 더 낮아 전체적으로 제조업보다 서비스업에서 일자리 지속 가능성이 높았던 것이다. 이러한 현상은 특히 서비스 사업체의 규모나 업력과 뚜렷한 정의 관계를 보였는데, 서비스 업체의 규모가 크면

클수록 일자리 창출의 지속 가능성은 더 크고, 일자리 소멸의 지속 가능성은 더 낮았다고 한다.[12] 그러므로 전통적으로 과잉 고용되어 있고 생산성도 낮은 서비스업 분야(소매, 도매, 운수, 음식·숙박업 등)에서 자본 투입과 구조 조정이 지속적으로 실행된다면, 장기적으로는 양질의 일자리를 지속적으로 창출할 수 있는 인프라로 성장할 가능성이 높아 고용 창출에 긍정적인 역할을 할 것으로 기대된다.

고부가 가치 서비스업의 개발 역시 서비스 산업에서 지속적인 고용 창출을 이루기 위해서 정부와 민간 부문이 꾸준히 지원해서 키워 나가야 할 방향이다. OECD 조사에 따르면 금융 보험, 사업 서비스업, 보건업, 교육 서비스업 부문에서 일자리 창출 및 생산성 증가 정도가 높은 것으로 나타났고 실제로 캐나다, 미국, 룩셈부르크 같은 선진국들은 지난 10년간 이들 서비스업을 육성해 고용 수준과 경제 성장률을 제고한 것으로 분석되었다.[13] 고부가 가치를 지향해야만 생존할 수 있는 한국의 경제 구조 속에서 서비스업 분야가 더 이상 사람을 끌어 모으는 고용의 저수지 역할로만 자족하면 미래를 담보할 수 없다. 서비스 산업 역시 끊임없이 새로운 기술 개발과 생산성 향상을 위해 노력하는 제조업 이상으로 고부가 가치 창출과 새로운 업종 개발을 위해 총력을 기울여야 할 것이다.

---

12) KDI, 「한국 경제의 구조 변화와 고용 창출」, 2004. 12.
13) OECD, *The Service Economy in OECD Countries*, 2005. 2.

관광산업에 대한 하나의 제언

　서비스 산업 중 관광산업이 차지하는 비중은 상당하다. 통계에 의하면 우리나라의 관광 지출은 100억 불인 데 반해 관광 수입은 50억 불에 불과하다. 이렇게 우리나라 적자 관광 수지에 가장 큰 영향을 미치는 곳은 일본이다. 가깝고도 먼 나라 일본은 인구나 경제력이 우리의 3배에 가깝지만 우리의 대일 관광 수지는 늘 적자다. 한류 바람을 타고 일본 관광객이 '욘사마'를 만나기 위해 몰려왔다가도 독도나 교과서 문제로 반일 감정이 격해지면 그 수가 급감하는 반면 일본으로 출국하는 우리나라 관광객 수는 줄지 않으니 관광 전략이나 정책에서 우리가 일본에 한 수 아래라는 생각이 드는 건 필자만의 생각일까. 현대 사회에서 정치와 비즈니스는 냉정하게 분리되어 판단되어야 한다. 어제는 일본 외상의 망언에 분개를 하다가도 오늘은 가족들과 같이 일본 여행을 떠나는 사람들이 있다는 점은 많은 것을 시사한다. 제주도나 경주에 가 보면 큰 자본을 들여 일본인 관광객을 유치하기 위한 시설을 완비했지만 그 이용률은 저조하다고 한다. 이는 단순한 인프라의 구축이 관광객의 유치로 이어지지 않는다는 것을 잘 나타내는 반증이다. 정부와 국민 모두 하루 빨리 비즈니스적인 사고로 전환해 일본 관광객 뿐만 아니라 여러 나라에서 오는 관광객들을 포용할 수 있는 정책을 마련하고 준비해야 한다.

7. 부품 소재 산업의 진흥

(1) 부품 소재 산업의 중요성

앞 장에서 필자는 부품 소재 산업, 중소기업 진흥의 필요성에 대해서 간략히 언급했고, 그 필요성은 많은 사람들이 공감하고 있는 바이다. 하지만 현실 경제에서 느끼는 부품 소재 산업의 중요성과 그 진흥의 시급성은 생각보다 훨씬 심각하다. 최근에는 기업의 경영 환경이나 경쟁의 패러다임이 급속도로 변화하고 있다. 그동안 우리는 완제품에만 많은 관심을 가져 왔으나 세계 산업계에서는 오래전부터 경쟁력의 핵심이 완제품에서 부품 소재 중심으로 전환되어 왔다. 거대 다국적 기업인 인텔, 보쉬, 델파이 등의 부품 기업들이 저마다 자사의 생산품을 내세우면서 세계 표준을 선점하고 있고 일본의 산요, 샤프와 같은 기업들도 비록 일부 완제품에서는 한국에 선두를 내줬으나 원천 기술과 부품 소재 방면에서는 세계 제일의 자리를 굳건히 지키고 있다.

이런 변화의 양상과 한국의 산업 구조 변화를 고려할 때 세계의 공장이라 불리는 중국과의 승산 없는 경쟁은 무의미한 지경에 이르렀다. 우리와 비슷한 경험을 한 선진국들은 이러한 점을 오래전부터 간파하고 제조 생산 기반을 넘어 연구 개발(R&D)에 초점을 맞추고 있으며 완제품보다는 부품 소재 강국으로 도약하기 위한 노력을 경주하고 있다. 즉, 누구나 만들 수 있는 제품을 가장 좋고 싸게 만드는 것이 아니라, 꼭 필요하지만 쉽게 만들 수 없는 제품을 만들어 내 전 세계를 석권하는 전략이다. 이제까지 한국의 부품 소재 업체들은 대기업의 계열사이거나 특정 대기업에 주로 납품하는 경우가 많았고, 따라서 세트 업체들과 수직적 거래 관계에 있는 경우가 대부분이었다. 하지만 최근에는 거래 비용의 감소로 글로벌소싱이 일반화되었고 제품들도 고기능화, 소형화되는 추세이기 때문에 부품 소재 업체들도 세계적인 경쟁력을 갖추지 않고서는 생존 자체가 불가능하게 되었다. 또한 점점 까다롭고 복잡해지는 소비자의 요구에 맞추기 위해서는 설계 단계부터 완제품 업체와 공급 업체 간의 활발한 교류가 필수적이다. 따라서 탄탄한 부품 소재 기업의 뒷받침 없이는 완제품 생산 업체들도 지속적으로 경쟁력 있는 제품을 만들어 내기가 어렵게 되었다. 여러 측면에서 부품 소재 산업의 중요성은 날로 커지고 있다고 하겠다.

(2) 부품 소재 산업, 중소기업 진흥의 당위성

부품 소재 산업 진흥은 곧 중소기업 진흥과 크게 다르지 않다. 대규모의 자본 투자가 필요한 최종재는 대기업이 맡고 필요한 부품과 기계 등은 전문적인 깊이가 필요한 만큼 중소기업들이 나누어 맡는 것이 효율적인 산업 구조이다. 혹자는 작금과 같은 글로벌 경쟁 시대에 인위적인 산업 구조 개편이나 특정 형태의 기업에 대한 지원은 옳지 않다고 말할 수도 있을 것이다. 이는 한편으로는 일리가 있는 주장이나 한국 경제 발전사에 대한 이해와 기업의 경쟁력에 대한 장기적인 안목을 갖추지 못한 단견이 아닌가 한다.

기업이 정상적으로 경영 활동을 하기 위해서는 여러 가지 자원이 투입되어야 하는데, 그중 가장 중요한 것이 바로 자본이다. 국가는 자본이라는 자원을 분배하기 위해 나름대로 최적의 방법을 쓰고, 이런 자본을 분배하는 방법이 한 국가의 경제 체제를 상당 부분 결정짓게 된다. 자본주의 경제에서는 자본 시장에서 공급과 수요의 법칙을 통해 자본이 분배되고 계획 경제 하에서는 국가의 계획에 따라 자본이 분배될 것이다.

그러나 우리나라의 경제 발전 과정을 살펴보면 자본은 많은 부분 정부의 주도 하에 정부의 계획에 따라 분배되었고, 앞서 언급한 대로 부품 소재 산업은 자본의 분배에서 철저히 소외되었다. 다소 과격하게 들릴 수도 있겠으나 당장 외화가 필요한 상황에서 신발, 옷, TV 등을 수출하기도 바쁜데 연구도 필요하고 영업할 곳도 없고, 매출 규모도 작은 부품 소재 산업에 눈 돌릴 겨를이 있었겠는가? 즉,

부품 소재 산업은 우리 경제의 환경에 맞지 않아 도태된 산업이 아니고 여태까지 우리가 신경을 쓰지 못했던 산업인 것이다.

물론 국가의 영역이 점점 희미해지는 경영 환경에서 '굳이 한국 국적을 가진 부품 소재 업체와 중소기업을 고집할 필요가 있겠는가?' 하는 의문은 남는다. 하지만 일부 품목에서 국가의 영역이 희미해지는 현상과는 반대로 전 세계적으로 식량, 에너지 확보 등을 위한 국가 간 경쟁은 점점 더 치열해지고 있다. 마찬가지로 삼성이 아무리 세계적인 기업이고 주요 고객이라 하더라도 일본 기업들이 핵심 설비나 핵심 부품 관련 기술과 지식을 넘겨줄 리 만무하다. 더욱이 부품 소재 산업은 우리 경제가 한 번 더 도약하기 위해서는 필히 갖추어야 할 단계로 우리 스스로 배우고 개발하지 않으면 안 된다. 현재 한국의 대기업들이 가지고 있는 경쟁력을 유지하고 높이기 위해서라도 부품 소재 산업이 더 발전해야 한다.

(3) 부품 소재 산업의 취약성과 대일 무역 적자

앞에서 강조한 부품 소재 산업의 중요성에도 불구하고 한국의 부품 소재 산업은 많은 취약점을 내포하고 있다. 먼저 규모 면에서 아직 영세함을 벗어나지 못하고 있다. 부품 소재 산업은 제조업 생산의 48.2%, 전체 수출의 40% 이상을 차지하면서도 규모 면에서 50인 이하의 영세 기업이 89.5%를 차지하고 있다. 세계 6위 자동차 수출국인 우리나라 자동차 부품 총 매출액은 168억 달러로서 미국 델파이

[표 3-14] 전체 대일 적자 대 부품 소재 대일 적자 추이

구 분	1993	1994	1995	1996	1997	1998	1999	2000	2001	2002
전체 대일 적자	85	119	156	157	131	46	83	114	101	147
부품 소재 대일 적자	72	83	94	110	98	62	97	115	103	118

자료 : 산업자원부 자본재산업총괄과

사 매출액의 2/3에 불과한 실정이다.

또 하나는 핵심 원천 기술 수준이 매우 낮다는 것이다. 부품 소재 산업은 폭 넓은 자연 과학의 뒷받침이 필요하다는 것을 고려할 때, 급속히 기형적인 경제 발전을 해온 우리에게는 어쩔 수 없는 문제이기도 하다. 우리의 메모리 반도체와 CDMA 단말기 제조 기술은 세계를 리드하고 있으나, 부품 업체는 대부분 내수 위주의 범용 제품 생산에 매달리고 있으며, 단순 생산 기술을 바탕으로 완성품 공급에 주력하고 있다. 우리가 만드는 PC의 경우 65%, 이동 전화기의 경우 70~80%의 부품이 수입되고 있다. 그 결과 부품 소재 산업은 우리나라 무역 적자, 특히 대일 무역 적자의 원천이 되었다.

국산 카메라폰의 인기가 높아지면 이미지 센서를 만드는 소니, 마쓰시다, 산요가 돈을 번다. 그것도 한국 기업들처럼 엄청난 위험 부담과 설비 투자를 감수하면서 어렵게 버는 것이 아니라 전혀 위험 부담 없이 앉아서 한국 기업들에게 핵심 부품을 파는 것이다. 자조적이기는 하지만 이런 우리의 처지는 가마우지 신세에 비유되기도 한다. 가마우지는 뾰족한 주둥이 덕택에 물고기 잡는 데는 선수인데, 어부들은 그 가늘고 긴 목에 쇠줄을 묶어 가마우지가 물고기를 잡으

면 쇠줄을 당겨 물고기를 뱉어 내게 한다. 최근 한국 제품들이 중국에서 엄청난 약진을 하고 있으나 실상을 알고 보면 '한국 경제는 양쯔 강의 가마우지'라는 비아냥을 들어도 할 말이 없는 실정이다.

(4) 부품 소재 산업의 진흥 방안

부품 소재 산업은 분야가 매우 넓고 한 분야의 시장 규모가 크지 않기 때문에 많은 중소기업들이 각 분야에 자리 잡는 것이 바람직하다. 하지만 부품 소재 산업에서 경쟁력을 가지기 위해서는 기초과학의 뒷받침, 오랜 연구, 안정적인 공급처 등이 있어야 하기 때문에 중소기업만 불철주야로 노력한다고 해결될 문제가 아니며 좀 더 구조적이고 장기적인 접근이 필요하다. 특히, 현재 한국 경제와 같이 중소기업들이 위축된 상황에서는 더욱 그러하다. 이제까지 정부는 다양한 중소기업 부양책을 내놓았지만 실효를 거둔 정책은 손으로 꼽을 정도이다. 대부분의 정책이 금융 지원에 머물렀기 때문이 아닌가 한다. 정부의 금융 지원이 적시 적소에 작용하기에는 한계가 있고, 은행들을 독려한다고 해도 은행들이 중소기업에 대출을 해야 할 아무런 유인이 없는 상황에서는 공염불에 그치고 말 가능성이 크다.

국가에서 기술에 대한 일정한 평가를 할 수도 있지만 기업과 동떨어져 있는 정부 기관에서 하는 평가와 지도가 기업들에게 얼마나 도움이 될지는 의문이다. 실제로 정부는 지난 1970년대 중반 기계류 부품 소재 국산화 개발을 거쳐 1986년부터 1999년까지 자본재 산업 국산화 프로젝트를 통해 4,087개 품목의 국산화 개발을 지원했었다. 하지만 정책이 융자 형태의 기술 개발 소요 자금의 지원에 머물러 가시적인 성과를 거두지 못하였다.

부품 소재 산업, 중소기업에 실질적인 도움이 되기 위해서는 다소 거창하더라도 정부, 수요처인 대기업, 학계, 금융 기관 등이 유기적으로 협력하는 것이 필요하며, 특히 대기업의 적극적인 참여가 필수적이다. 이제까지 대기업은 중소기업 지원에 그다지 적극적이지 못했으나 이는 대기업을 탓할 일이 아니다. 대기업도 국제 시장에서 매일 치열한 경쟁을 하면서 좋은 성과를 내기 위해 노심초사하고 있다. 이런 상황에서 안정적이고 검증된 기존 공급 기업의 설비나 부품을 국내 기업의 제품으로 대체하거나 국내 기업을 장기적으로 육성한다는 것은 쉽지 않은 결정이다. 또한 어떤 면에서는 이윤 극대화를 추구해야 할 기업이 담당하기 어려운 부분이기도 하다. 종합하여 말하면 부품 소재 산업의 진흥을 위해서는 정부, 학계, 금융 기관, 대기업의 범국가적인 컨소시엄이 필요하다.

기술이나 제품의 개발을 지원할 때는 항상 수요 연계가 전제되는 기술 개발에 무게를 두어야 한다. 부품 소재는 그 특성상 써 주는 데가 있어야 개발할 수 있다. 초기 기술 개발뿐 아니라 양산 단계까지의 개발에 막대한 자금이 필요하기 때문이다. 이럴 때 어느 정도 안정된 규모의 기업이 적극 참여하도록 해야 한다. 또한 대기업은 자신들이 필요로 하고 대체할 필요가 있는 부품, 설비, 기술 들을 지정하고 국내 기업이 국산화에 성공할 경우 다소의 손실과 위험 부담을 감수하면서 구매를 해 주는 전략적인 결정을 해야 한다. 정부는 대기업이 이런 전략을 선택할 수 있도록 혜택과 지원을 해야 하며, 학계와 중소기업이 협동할 수 있는 체계를 만들도록 고심해야 한다.

마지막으로는, 이제까지 미진했던 대일 투자 유치의 집중도를 높이는 전략이 필요하다. 중국에서 실패한 경험을 지닌 일본 투자자들 상당수가 한국에 많은 관심을 가지고 있다. 또한 한국은 반도체, 디스플레이, 휴대폰 등 전방 산업이 매우 강하기 때문에 일본 부품 소재 업체들에 한국은 매우 매력적인 시장이다. 일본 중소기업의 경우 경기의 장기 침체, 모기업과 부품 기업 간의 전속적 거래, 고령화와 고비용 구조 등으로 한국보다 더한 어려움을 겪고 있는 업체가 많다. 좋은 시장을 가지고 있고 일본의 우수한 기술이 필요한 한국 업체들이 일본 기업의 투자를 한국에 유치하여 경쟁력 있는 부품 소재 제품을 생산하는 것은 한국과 일본 모두가 윈윈(win-win)할 수 있는 좋은 구조이다. 하지만 안타깝게도 한국의 투자 환경, 노력 부족 등으로 일본 기업들이 투자를 포기하는 경우가 많다. 우리가 단시간 내에 따라잡기 어려운 부분에서는 일본 기업들로부터 한 수 배우면서 가는 것도 좋은 전략이다. 일본의 기술과 자금을 적극적으로 국내에 유치하는 노력과 전략이 필요한 시점이라고 하겠다.

이제까지는 부품 소재 산업을 육성하는 데 과거 경제 개발 시대처럼 전심전력으로 힘을 모으지 못했던 것이 사실이다. 그 결과가 쉽게 눈에 보이지도 않는 데다가 과거의 경제 발전과 같은 지상 목표가 되지도 않았기 때문이다. 하지만 이제는 부품 소재 산업에 다시 한 번 우리의 역량을 집중해야 할 때이며, 다시 한 번 힘을 모을 수 있다면 그 결과는 기적적인 경제 발전을 이룬 것만큼이나 놀라울 것이라고 믿는다.

부품 산업을 일으키기 위한 하나의 제언

우리의 대일 무역 적자는 현재 250억 불에 달한다. 이것은 우리나라 수출의 주품목인 반도체, 휴대전화 등 IT산업 품목이 거의가 일본의 부품에 의존하고 있기 때문이다. 부품 수입의 주체인 대기업이 부품의 품목을 선정해서 중소기업과 제휴해서 수입 대체를 위한 부품 생산을 시도하는 것이다. 대기업이 중소기업에 자금 지원과 기술 지원을 한다면 부품 개발은 어렵지 않을 것이다. 그렇게 되면 대기업과 중소기업 간의 상생 효과는 지대할 것이고, 중소기업 진흥과 고용 증대에도 실질적인 효과를 기대할 수 있을 것이다.

8. 주식 시장 안정책

현재 우리 주식 시장의 특징은 크게 두 가지로 볼 수 있는데, 바로 외국인 지분의 과다와 단기 부동 자금이 400조 원이 넘는다는 것이다. 이 두 가지가 의미하는 바는 한마디로 '우리의 주식 시장이 제 역할을 하지 못하고 있다'는 것이다. 주식 시장이 제 역할을 한다면 투자처를 찾지 못하고 떠다니는 자금이 400조 원을 넘을 수 없을 것이고, 외국인들의 증시 영향력이 이렇게 크지 않을 것이기 때문이다.

이번 장에서는 우리나라의 증시가 제 역할을 할 수 있는 방법들에 대해 이야기를 하고자 한다.

(1) 주식 시장의 실태

현재 우리나라의 증시에서 외국인들이 차지하는 비중은 40%에 이른다. 이는 여타 다른 국가들과 비교해 볼 때에도 높은 수치이며, 우리나라 증시에 영향을 주는 위험이 크게 증가하였음을 의미한다. 지난 1997년 IMF 외환 위기 이후 외국인 투자 제한이 없어지면서 증권 시장에는 단기 차익을 노리고 들어온 외국인 투자자들이 많았다. 이로 인해 외국인들의 매매 패턴에 의해 증권 시장 전체가 출렁이는 경향을 보여 왔다. 즉 외국인들이 매수 패턴을 보이면 종합 주가 지수가 오르고, 외국인들이 매도 패턴을 보이면 종합 주가 지수가 내려가는 것이다.

외국인 지분 과다 문제는 이뿐만 아니라 국내 기업의 경영권을 위협해 국내 기업은 사내 보유 이익 잉여금으로 경영권을 보호하기 위해 자사주를 매집하고, 그 결과 향후 성장을 위한 투자를 유보할 수밖에 없는 결과도 초래하였다. 결국 한국 증시에서 외국인 투자자의 영향력을 줄이고 이에 대한 대척점에서 국내 투자자를 대표할 만한 세력이 필요한데, 이는 결국 기관 투자자의 양성으로 귀결된다.

또 다른 이슈로 제기되는 것이 단기 부동 자금의 과다인데, 자본은 경제 활동 중 투자 활동의 한 부분으로 이어져 지속적인 성장을 수반할 때 중요한 의미를 가진다. 자본을 움직이게 하는 요인은 결국 수익성이다. 속성상 자본은 수익성이 높은 곳으로 몰릴 수밖에 없다. 그런데 문제는 단기 부동 자금이 투자 활동으로 포함되지 못하고 투기 활동으로 이어지고 있다는 데에 있다. 현재 부동산 투기 열풍에서 보듯이 단기 부동 자금이 부동산 투기의 높은 수익성을 보고 한쪽으로 쏠림으로써 국민 계층 간 불균형을 더욱 심화시키고, 경제

[표 3-15] 단기 부동 자금[14) 규모 추이(1993~2002)

구분	명목 GDP	금융 자산 규모 (GDP 비중)	단기 부동 자금		
			가계	기업	합계 (GDP 비중)
1993	291조	1,303조(4.5배)	81조	39조	120조(41%)
1994	340조	1,562조(4.6배)	99조	48조	147조(43%)
1995	399조	1,852조(4.6배)	114조	55조	169조(42%)
1996	449조	2,202조(4.9배)	128조	61조	189조(42%)
1997	491조	2,791조(5.7배)	149조	70조	219조(45%)
1998	484조	3,018조(6.2배)	164조	74조	238조(49%)
1999	529조	3,267조(6.2배)	205조	85조	290조(55%)
2000	579조	3,592조(6.2배)	272조	102조	374조(65%)
2001	622조	4,004조(6.4배)	310조	117조	427조(69%)
2002	684조	4,386조(6.4배)	354조	127조	481조(70%)

자료 : 한국은행, 자금순환 계정

성장을 위한 투자로 이어지지 못하고 있는 것이 큰 문제이다. 단기 부동 자금을 건전한 투자로 연결되게 하여, 증시로 유인하려면 증시 투자를 통해 수익성이 보장되어야 할 것이다.

(2) 기관 투자자의 정의와 역할

기관 투자자는 일반적으로, 개인 등 소액 투자자로부터 여유 자금

---

14) 단기 부동 자금은 가계와 기업이 보유한 만기 6개월 미만의 금융 상품에 예
   치한 자금을 의미하며, 구체적으로는 '현금＋요구불 예금＋저축 예금
   ＋CD＋RP＋통안채 단기물＋기업 어음'을 말한다.

을 모아 금융 시장에 대규모로 자금을 공급하는 기관을 의미한다.[15)]
즉 개인 투자자에 대한 상대적 개념으로 이해될 수 있는데, 그 범위
는 각국의 자본 시장 구조, 규제 및 관행 등에 따라 조금씩 차이가
난다. OECD에서 정의한 것과 같이 대부분의 금융 기관이 기관 투
자자에 포함될 수 있다. 그러나 금융 구조가 자본 시장 중심인 국가,
즉 미국이나 영국의 경우에는 연기금, 뮤추얼 펀드 등을 기관 투자자
로 분류하는 반면 상업 은행은 기관 투자자의 범위에서 제외하고 있
다. 반면 은행 중심의 금융 구조를 가지고 있는 일본에서는 은행을
기관 투자자로 분류하고 있다.

우리나라의 경우에는 법률적으로 통일된 기관 투자자의 개념은
없지만 일반적으로 은행, 증권 회사, 보험 회사, 투자 신탁 회사 및
투자 신탁 운용 회사 등의 금융 기관과 국민연금, 공무원 연금 등의
연기금 등을 기관 투자자로 보고 있다.

기관 투자자의 역할은 크게 세 가지로 볼 수 있다. 첫째, 주식 시장
의 주요 수요 기반 및 장기·안정적인 투자 주체로서의 역할 수행이
다. 기관 투자자는 내재 가치에 입각한 투자를 행함으로써 단기적
투자를 억제하는 등 주식 시장의 변동성을 완화시켜 주식 시장의 안
전판 역할을 한다. 둘째, 국내 우량 기업에 대한 외국인 지분이 증가
함에 따라 이들 기업의 경영권 보호에 대한 역할도 수행할 수 있으
며, 마지막으로 주식 시장에서 일반 투자자들을 대상으로 기업에 대

---

15) Institutional investors are major collectors of savings and suppliers of
   funds to financial markets(OECD, 2000)

한 가격 정보를 정확히 알려 줌으로써 투자자의 위험 관리 및 주식 시장에서 자금의 효율적 배분 등의 역할도 할 수 있게 된다.

(3) 기관 투자자의 양성

기관 투자자 양성의 실례는 세계에서 주식 시장이 가장 발달해 있는 미국의 경우를 살펴보는 것이 좋을 것 같다.

미국의 경우 주식 문화가 성숙됨에 따라 주식에 대한 개인의 수요가 늘어났고 뮤추얼 펀드 등 다양한 주식 관련 상품을 제공하는 기관 투자자가 성장할 수 있었다고 보는 것이 대체적인 중론이다.

미국의 주식 문화가 성숙할 수 있었던 요인은 다음과 같다.

첫째, 1980년대 주가 상승이 1990년대 들어 주식 투자에 대한 장기 기대 수익률을 높이고 위험을 낮추는 계기로 작용하였다. 실제로 1982년을 제외하고는 주가 하락을 경험하지 못함에 따라 주식에 대한 위험 인식도 낮아졌다.

둘째, 1981년 도입된 확정 지급형 연금 제도인 401(k)는 기존 확정 급여형에 비해 본인이 부담해야 하는 비용은 저렴한 반면, 주식 시장의 활황과 더불어 투자 상품에 따른 급부는 클 수 있다는 점에서 급속도로 확산되었다.

셋째, IT 기술 혁명에 따라 주식과 관련된 정보 취득 및 거래 비용의 감소, 1990년대 급속히 개선된 금융 서비스와 급속히 확산된 뮤추얼 펀드 등 금융 상품의 다양화는 투자자들에게 분산 기회를 제공하며, 투자자들의 다양한 욕구를 만족시킬 수 있게 되었다.

이러한 세 가지 요소에 힘입어 미국의 주식 투자 문화는 장기적인 관점을 가진 개인 투자자의 신탁을 위임받은 기관 투자자의 역할이 증가하였다.

이제 우리나라의 기관 투자자를 양성할 수 있는 방법을 살펴보자. 지금까지 우리나라의 기관 투자자들은 증시에서 주식보다는 채권을 선호해 왔다. 이는 외국인 투자자들이 채권보다는 주식에 대한 투자 비중이 높은 것과는 반대였다. 이러한 결과가 나타나는 것에 대해서는 우리나라의 기관 투자자들의 기업 가치 평가에 대한 투자 기법이 외국인 투자자들에 비해 약해 주식에서는 수익을 얻지 못하고 채권에 대한 투자 비중을 높이는 결과로 나왔다고 보는 것이 대체적인 견해이다.

또한 우리나라의 기관 투자자들이 외국인 투자자들과 비견되는 것은 높은 매매 회전율이다. 2003년 평균 보유 기간을 보면 외국인 투자자들은 대체적으로 16.7개월인 반면 우리나라 기관 투자자들은

[표 3-16] 주식 시장에서 투자자별 비중 추이 (단위 : %)

	1996	1997	1998	1999	2000	2001	2002	2003	2004
기관 투자자	30.7	26.3	13.6	16.9	15.8	15.8	15.9	16.7	17.6
외국인	13.0	13.7	18.0	21.7	30.2	36.6	36.0	40.1	42.0
개 인	30.8	29.6	28.9	25.9	20.0	22.3	22.3	19.7	18.0

주 : 시가 총액 기준
자료 : 증권거래소(2004)

[표 3-17] 거래 주체별 매매 회전율[1] 추이

(단위 : %)

	1999	2000	2001	2002	2003	2003 평균 보유 기간[2]
외국인	86.05	84.68	68.69	91.26	71.88	16.69개월
기 관	345.91	224.17	198.22	251.16	173.15	6.93개월
개 인	985.41	682.61	761.90	927.63	559.55	2.14개월
시장 전체	345.22	226.85	222.31	288.48	178.33	8.09개월

주 : 1) {(매수 대금+매도 대금)÷2}÷{(전년 말 보유 시가 총액+연말 보유 시가 총액)÷2}
 2) 보유 기간 = 12개월÷매매 회전율
자료 : 한국은행

6.9개월, 개인 투자자들은 2개월로 나왔다. 외국인 투자자들은 만기 보유(buy and hold)를 통해 투자 수익을 얻는 반면 우리나라의 기관 투자자 및 개인들은 실질적으로 주식 시장에서 수익을 실현하지 못하고 현 운용 자산을 유지 및 보전하는 데 급급한 양상을 보이고 있음을 유추해 볼 수 있다.

주식 시장에 대한 투자가 단기 매매 차익을 실현하려는 성향이 강한 상황에서 부동 자금의 90%를 보유하고 있는 개인들은 결코 주식에 투자를 하지 않고, 결국 주택 및 토지 등으로 투자처를 찾을 수밖에 없다. 결국 장기적인 관점에서 기관 투자자를 양성하려면, 1) 선진 자산 관리 기법을 습득한 기관 투자자의 투자 분석 능력(기업 가치 분석 및 평가 능력 등) 제고가 우선되어야 하고, 2) 투자 분석 능력을 바탕으로 기업 연금 제도의 도입 및 기존 국민연금 등을 통해 기관 투자자의 주식 투자 확대가 이루어지게 하여, 궁극적으로 장기 투자로 이어지게 하여야 한다.

(4) 연기금에 의한 기관 투자자 양성의 허와 실

연기금 등의 기관 투자자화에서 한 가지 짚고 넘어갈 것은, 연기금 등의 기관 투자자 역할을 통해 증시 안정은 가져올 수 있지만, 유의할 점은 연기금의 특성상 수익률이 마이너스(-)가 될 경우 이에 대한 수급자들의 수혜 범위가 줄어들게 되고 국민 경제 전체적으로 소비가 줄어들 뿐만 아니라, 결국 정부를 불신하는 분위기가 조성될 수도 있으므로 투자 및 자산 관리에서 고도의 전문성이 요구된다. 아울러 과거 정부의 정치적 영향력 아래 은행의 경영이 좌우되었던 것처럼 정부의 정치적인 입장이 고려될 수 있는 방식으로 연기금이 움직여서는 안 될 것이다. 정부는 전적으로 선한 관리자로서 감독 업무에 충실하고 자산의 운용이나 투자의 결정 등은 철저히 전문가에게 위임해야 한다. 더하여 연기금의 주식 투자에 대한 국민적 공감대 형성 및 동의를 거쳐 장기 투자에 나서는 것이 바람직하다.

마지막으로 주식 시장의 안정화는 기업에 어떤 영향을 미칠까?

1) 기업은 기존 은행을 통한 자금 차입에 따른 높은 타인 자본 비용을 부담했다. 그러나 주식 시장이 안정화되면 기존의 높은 타인 자본 비용보다 낮은 자기 자본 비용을 통해 증시에서의 자금 조달이 용이하게 된다. 2) 기관 투자자의 비중 증가로 증권 시장에서의 주식 소유 분산이 가능하게 되어 적대적 M&A 위협에서 벗어나게 되고, 다른 측면에서는 이들 기관 투자자의 전문성 있는 경영 감시는 오너 경영에서 생길 수 있는 폐해를 상당히 줄여, 결국 전문 경영인에 의한 기업의 책임 경영 문화가 뿌리를 내릴 것이다. 3) 이러한 자

금 조달의 용이성과 적대적 M&A에서 탈피한 결과, 기업은 원활한
투자 활동을 통해 지속적인 성장 가능 경영 활동에 매진하게 될 것
이다.

9. 건설 산업의 건전화

1997년 건설 시장 개방 및 IMF 외환 위기 이후 한국의 건설 산업은 '글로벌 스탠더드'를 지향하며 많은 변화를 경험하게 되었다. 하지만 그동안 많은 규제의 개혁과 입찰 제도의 선진화, 불합리한 관행 등의 제거에도 불구하고 아직도 건설 산업은 선진화에 미흡한 것이 사실이다. 최근 고강도의 부동산 대책(2005. 8. 31.)이 발표된 민간 부문의 경우에도 과거의 부동산 시장은 정부의 적극적인 정책에도 불구하고 쉽게 안정을 찾지 못하고 있다.

이번 장에서는 공공 부문과 민간 부문(특히 주택 시장)을 대상으로 건설 산업의 선진화 및 건전화를 위한 건설 제도 개선의 방향성을 제시하고자 한다.

(1) 건설 산업의 특성

건설업은 산업 특성상 실물 경기와 밀접한 연관을 가지고 있으며, 고용 창출 효과 및 경기 유발 효과가 타 제조업에 비해 큰 것으로 나타나고 있다.[16] 지속적인 건설 투자의 확대는 고용 및 생산 등 경기 유발 파급 효과가 크기 때문에 경기 부양 및 고용 창출의 원동력이 될 수 있다.

부동산 시장의 경우에는 실물 경기의 회복과 위기에 더욱 민감하게 영향을 미친다. 자산 가격 상승은 투자, 소비 등 내수를 자극함으로써 경기 회복에 기여하나, 급등 이후 가격 하락이 이어질 경우에는 경제 위기 요인으로 작용한다. 실제로 타 국가의 사례를 보더라도 장기간에 걸친 부동산 가격의 급등은 급락으로 이어지는 경우가 많았으며 급격한 가격 하락은 금융 부문의 부실을 동반하여 장기 침체를 초래하는 경우가 많았음을 알 수 있다.

이와 같이 부동산 시장의 불안은 경제 전체의 불확실성을 증폭시키며, 나아가 빈부 격차의 확대 등 사회 문제를 유발하고 있어 부동산 시장의 안정에 대한 정부의 역할이 더욱 중요하다.

---

16) 한국은행 산업 연관표에 따르면 건설업에 1조 원의 투자로 20,800명의 취업 유발이 창출되어 제조업의 14,400명보다 약 6,400명이 더 많은 것으로 나타났다. 건설업의 생산 유발 계수는 1995년 이후 현재까지 제조업보다 높게 나타나고 있으며, 2000년도의 건설업 생산 유발 계수는 1.99로 제조업의 1.95보다 높았다.

(2) 민간 부문의 정부 정책(주택 시장 중심)

과거 정부의 주택 정책은 물량 확대에 중점을 둔 신규 주택 중심, 또는 공급 중심의 정책이라고 말할 수 있다. 주택 200만 호 건설 계획(1988~1992)의 추진을 기점으로 이전에는 연 공급 약 20만 호 미만의 미미한 수준이었으나, 이후부터는 주택 공급이 급속도로 증가하게 된다.

공급 중심의 주택 정책은 과거 선진 외국의 사례에서도 나타나고 있다. 시기적인 차이는 있으나 전후 산업화 단계에서는 주택 부족 문제를 해결하기 위해 주택 공급 확대 정책을 우선적으로 실시하고 주택의 양적인 제고가 일정 수준에 도달하면 주거의 질적 수준을 제고하는 복지적 차원의 주택 정책을 수립, 시행해 나가고 있다.

주택 공급 확대를 위한 정책적 수단으로는 공영 개발을 통한 대규

[표 3-18] 연도별 주택 수

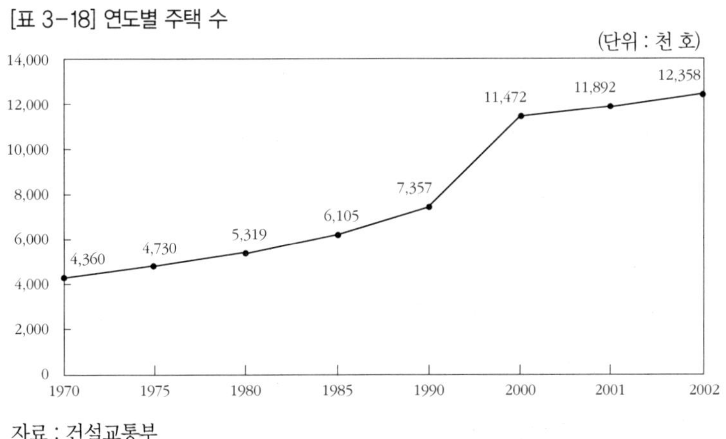

자료 : 건설교통부

모 택지의 확보 및 공급, 주택 건설 자금 지원 등 직접적인 지원과 함께, 간접적인 지원 수단으로 주택 청약 제도와 선분양 제도를 활용하였다. 특히 주택 청약 제도와 선분양 제도는 정부의 시장 관리를 통해 주택의 수요와 공급을 조절하는 중요한 역할을 수행하여 왔다. 주택 청약 제도는 주택 수요 과잉에 대처하기 위한 주택 배분 방식으로, 수요의 관리를 통해 경쟁 과열을 방지하고 주택 투기를 억제하는 효과를 창출하였다. 그러나 최근 청약 제도는 자격 요건을 20세 이상의 개인, 또는 20세 미만의 세대주로 변경하는 법 개정으로 인해 청약 대상이 대폭 확대되어 실수요자 중심으로 주택을 배분하겠다는 정책적 목표의 실효성이 많이 낮아지게 되었다.

선분양 제도는 주택이 절대적으로 부족하고 주택 금융이 미비하였던 여건 하에서 청약 제도와 함께 주택 수요를 사전에 확보해 주고 주택의 완공 때까지 자금을 조달해 줌으로써 주택 사업의 안정성을 높여 왔다. 그러나 선분양을 통한 주택 사업의 자금 조달은 대형 건설 업체뿐만 아니라, 자금 조달이 불가능한 중소 업체까지도 주택 시장으로 유인하여 주택 업체 수의 양적 팽창을 야기했다. 또한 주택 업체들이 시장 변화 및 수요자의 선호에 대응하는 노력을 기울이지 않게 함으로써 주택 업체의 경쟁력 약화를 초래했다고 볼 수 있다. 이처럼 정부의 주요 시장 관리 제도는 과거 주택이 절대적으로 부족한 여건 하에서 한국 주택 산업의 성장과 발전에 기여한 바가 크지만, 주택 보급률이 100% 수준에 이르고 수요자 우위의 시장으로 변화하는 추세를 감안할 경우 정책의 실효성이 낮아지고 있다.

[표 3-19] 주택 보급률   (단위 : %)

연 도	전 국	수도권
1970	78.2	64.5
1980	71.2	60.2
1990	72.4	63.3
2000	96.2	86.1
2001	98.3	88.6
2002	100.6	91.6

주) 선진국 주택 보급률 : 미국 111.2%(1997), 일본 113.3%(1998), 프랑스 121.2%(1996), 영국 105.6%(1996)
자료 : 건설교통부

또한 주택 업체의 경쟁력 강화 차원에서도 향후 주택의 수요와 공급이 시장에 의해 결정될 수 있도록 정책의 변경이 요구된다.

[표 3-19]에서 언급힌 현실 변화를 반영히여 현 정부의 부동산 정책은 후분양제 도입 등 시장 원리에 충실하되, 공공 부문의 역할을 강조하면서 실수요자 위주의 시장으로 재편을 추진하고 있다. 과거 공급 중심의 양적 확대 정책에서 벗어나 서민층의 주거 안정을 중심으로 한 주거 복지 정책으로 전환하고 있음을 알 수 있다. 이는 경제 발전 단계에 따라 변화된 선진 외국의 정책 변화 사례와도 일치된다고 하겠다. 다만, 건설 시장의 파급 효과를 고려하여 후분양제의 본격적인 시행을 공공 부문 2007년, 민간 부문 2010년으로 늦추고 이 기간 동안에 장기 모기지론 도입 등 주택 금융 쪽에서의 후분양 시스템 측면을 정비하려는 시도는 옳다고 본다. 이와 더불어 임대 주

택 정책도 과거 정부의 주택 공급 정책이 분양을 통해 소유를 유도한 반면, 현 정부는 임대 주택 공급을 대폭 확대하는 등 공공 부문이 안정적인 주거 수단을 제공하는 데 중점을 두고 있다.

수요 측면에서는 실수요자 위주로 전환되고 있다. 부동산 시장의 안정화를 위해서는 거래가 활성화되고 투명해져야 하는데, 주택 시장 거래 전산망이 구축되어 보유 현황과 거래 현황이 실시간으로 파악되면서 거래의 투명성을 확보할 수 있다. 과표 현실화 등으로 모든 주택 과세가 실거래가로 이어지고 종합부동산세 도입으로 주택 보유에 대한 세금 부담이 지속적으로 높아지게 되어 있다.

현 정부의 부동산 정책은 새로운 시스템의 도입으로 시장의 체질 변화를 선도하며 부동산 시장의 안정화 및 건전화에 기여할 것으로 보인다. 하지만, 일부에서 나타나고 있는 무리한 수요 억제보다는 시장 원리를 통해 공급 탄력성을 높이는 방안의 모색이 필요하다. 주택 가격을 안정시키는 방법은 궁극적으로 수요 공급의 법칙이다. 주택 가격을 안정시킨다고 해서 여러 가지 법적인 제약을 가하는 것은 옳지 않다. 교각살우(矯角殺牛)라는 말이 있다. 무리하게 아파트 가격을 안정시키려다 주택 사업 부진으로 번져 나가지 않을까 염려된다. 지금 내수가 부진한 것은 건축 사업의 부진에도 원인이 있다. 국내 산업 중에 건축 경기의 파급 효과가 제일 크기 때문이다.

세제 환수 장치인 종합부동산세의 경우 마치 고가 주택 및 다주택 소유자들을 투기 세력으로만 규정짓는 듯한 성격에서 벗어나, 장기적으로 합리적인 조세 행정의 차원에서 재산세와 종합부동산세를 일원화하고 일관성 있는 누진 세율을 도출·적용해야 할 것이다. 재건축 시장은 부동산 투기의 진원으로 인식되어 규제 일변도의 정책이 유지되고 있다. 이러할 경우 향후 도심 지역의 주택 부족 문제는 반드시 대두될 것이며, 이로 인해 도심의 주택 가격이 상승하는 역효과가 초래될 수도 있다. 따라서 재건축·재개발 사업의 경우 합리적인 개발 이익 환수 장치를 마련한 후에 소형 의무 비율, 후분양제, 개발 이익 환수 등 복합적인 규제들을 개선함으로써 정상적인 사업 진행이 가능하도록 해야 할 것이다.

특히 개발 이익 환수의 장치인 재건축 단지 내 임대 주택 건설은 정책의 목적만을 강조한 결과, 단지 내 위화감 조성 등 사회 정서를 다소 간과한 것으로 보인다.

2005년 5월부터 시행되고 있는 아파트 재건축 사업의 개발 이익 일부를 서민 임대 주택 건설로 의무화한 것은 현 정부에서 주장하는 분배에 알맞은 정책이라 할 수 있다. 임대 주택만큼 용적률을 늘려 주기 때문에 당국자는 누이 좋고 매부 좋은 정책으로 생각하고 있을지도 모른다. 현 정부의 주거 복지를 강조하는 정책 기조 하에서 서민 임대 주택에 정책의 중점을 두는 것은 당연한 일일 것이다.

그러나 이러한 당연한 일이 당연하게 받아들여지지 않는 요소가 시장 원리에서나 우리 국민 정서 속에 도사리고 있다. 바로 빈촌과 부촌의 관념이다. 부촌과 빈촌이 한 단지 내에 세워졌을 때 부촌의 품위가 떨어져서 집이 잘 팔리지 않는다는 것이다. 부촌과 빈촌을 구별하려는 국민들의 정서에 문제가 있겠지만, 현실적으로 그런 편

견을 하루아침에 불식시키기는 어렵기 때문에 재건축 사업이 쉽사리 이루어지지 않을 것이라는 우려가 앞서는 것이다.

필자가 지적하고 싶은 것은 재건축을 하려는 조합이나 건축업자로 하여금 임대 주택을 조성하는 비용을 부담시키는 제도이다. 이런 제도는 임대 주택 건립을 전담하는 주택 공사의 예산을 늘려 주는 것이 된다. 그러나 재건축 아파트가 다 팔린다는 보장이 없기 때문에 부담금 부과 시기는 최소한 재건축 아파트의 80% 이상이 팔려 나갈 때 부담금의 80%를 부담케 하는 것이 적절할 것이다. 아파트 재건축 사업이라고 해서 모두가 다 이익이 나는 것은 아니다. 재건축 아파트의 입지와 상품의 질에 따라서 시장 원리가 작용하기 때문이다.

공공 부문을 통한 주택 공급의 확대와 더불어 민간 건설 업체의 주택 공급이 활성화될 수 있도록 제도가 뒷받침되어야 할 것이다. 향후 후분양 시스템 하에서 건설 업체의 사업 및 투자 리스크가 커질 것이므로, 리스크를 다양한 참여 주체로 분산시킬 수 있도록 프로젝트 회사법, 개발 리츠, 금융권의 부동산 투자 및 지분 참여 등이 원활히 이루어질 수 있는 방향으로 제도가 개선되어야 할 것이다.

아울러 현재의 아파트 가수요가 생겨나는 것은 부동 자금의 과잉 탓이며, 그것도 은행 금리가 물가 앙등률보다 낮은 역금리 탓이다. 주식 시장을 안정시키기 위한 일환으로 제안했던 기관 투자자 양성과 함께 이러한 부동 자금의 주식 시장으로의 흡수책도 고려해 볼 만하다.

(3) 공공 부문의 정부 정책

1997년 WTO 정부 조달 협정에 따른 건설 시장 개방, 외환 위기 이후 건설 제도와 정책은 커다란 변화를 경험하였다. 각종 건설 관련 규제의 철폐, 입찰 제도의 선진화, 불합리한 관행의 제거 등 국제 기준에 부합하는 방향으로 정책이 변화하였다. 건설업계의 담합 관행이 사라진 것도 1998년 이후부터였다. 과거 50여 년간 이어져 온 건설 업체의 담합 구조[17]가 정부의 강력한 의지로 일시에 근절되었다. 또한 IMF 외환 위기의 경험으로 업체의 재무 안정성의 중요성이 부각되며 PQ 심사 시의 경영 평가 제도는 건설 업체의 경영 상태를 개선하는 데 커다란 기여를 하게 되었다. 경영 상태 평가의 결과로 건설 업체들은 생존과 수주 확보를 위해 재무 구조의 개선에 주력할 수밖에 없었다.

[표 3-20] 일반 건설 업체 평균 재무 비율의 변화

재무 지표	1999	2000	2001	2002	2003
부채 비율(%)	605.9	310.9	239.8	204.6	180.5
유동 비율(%)	105.9	110.8	116.3	120.6	125.9
차입금 의존도(%)	–	–	32.6	29.5	24.5
이자 보상 배율(배)	–	–	1.4	2.3	3.3
매출액 순이익률(%)	-14.6	-1.2	1.2	2.3	4.5

자료 : 대한건설협회

---

17) 건설업계 내 담합은 소위 자율 조정이라고 불렸으며, 1998년 대형 건설 업체 9개 업체의 영업 담당 임원이 구속되면서 담합 구조가 일시에 무너졌다.

　그러나 가장 두드러진 변화는 신규 건설 업체의 급증 및 무자격 부실 건설 업체의 난립으로 볼 수 있다. 이는 단지 건설업 등록 기준의 완화[18]에만 국한되는 것이 아니라, 적격 심사 제도와 같은 입찰 제도, 시공 연대 보증 제도, 불법 하도급을 통한 공사 수행이 가능한 현실 등 건설 제도 전반의 문제점과 관행이 복합적으로 작용한 결과이다.

　소위 운찰제, 또는 복권 당첨식 입찰 제도로 불리는 적격 심사 제도는 중소 건설 업체 간 낙찰 기회를 동등하게 부여함으로써, 신규 건설 업체들이 급격하게 공공 건설 시장을 침투하고 수익 기반을 악화시키는 결과를 초래하였다. 이로 인해 턴키 사업 등 진입 장벽이 높은 사업에 주력하고 있는 초대형 건설 업체를 제외한 건설 업체는 향후 심각한 수주난과 수익성 악화 속에 몰락할 가능성이 높다.

　이와 더불어, 무자격 건설 업체가 공사를 수주하거나 저가 투찰, 일괄 하도급 또는 도급 공사 전매 등 불법 하도급의 관행이 지속된

[표 3-21] 건설 업체 및 부도 업체 수

구분	1990	1995	2000	2001	2002	2003	2004
건설 업체(개)	6,760	22,579	39,801	47,533	49,308	50,116	51,136
부도 업체(개)	36	912	581	508	420	522	527
부도율(%)	0.53	4.04	1.46	1.07	0.85	1.04	1.03

자료 : 건설교통부

---

18) 건설업 면허제의 등록제로 전환(1999. 4. 15.), 건설업 등록 시 건설공제조합 출자 의무 폐지(2000. 7. 1.).

다면 부실 공사로 인해 공사 품질을 확보하기 어려울 것이다. 특히 무자격 건설 업체일수록 실정법 위반 가능성과 공사 수주를 위한 부정, 비리 가능성이 높게 나타날 것으로 보인다.

과거 정부의 건설 제도 개선 노력에도 불구하고 건설 산업의 선진화 및 건전화를 위해서는 여전히 많은 노력이 필요할 것으로 보인다. 시장 원리에 의한 것이 아니라 업역 구분을 통해 보호받는 경쟁 구조 하에서는 국제적 경쟁력을 확보하기 어려울 뿐만 아니라, 무자격 건설 업체의 양산은 건전한 기업의 생존을 크게 위협하는 결과를 초래할 것이다.

현재의 건설 생산 체계는 일반 건설 업체와 전문 건설 업체 간 겸업 제한 및 이를 근간으로 한 하도급 규제에 기초를 두고 있는데, 이러한 생산 체계 하에서는 공사비 절감이나 공기 단축 등과 같은 효율적인 건설 사업 관리가 어려워 건설 업체의 경쟁력 약화 원인으로 지적되고 있다. 또한 불법 하도급의 관행이 지속된다면 부실 시공 문제 해결 또한 어려울 것으로 보인다. 정부도 이러한 현실을 반영하여 1998년 대대적인 건설 개혁 진행 시 겸업 제한 및 부대 입찰 제도, 의무 하도급 등과 같은 하도급 규제를 철폐하는 방향으로 제도의 변경을 추진하고 있다.

하지만, 단지 겸업 제한의 철폐만으로는 부족하다. 오히려 겸업 제한 철폐가 전문 건설 업체의 시공 규모를 축소시킬 가능성이 있으며, 일반 건설 업체 간 하도급이 가능하도록 하여 하도급을 받은 일반 건설 업체가 또다시 전문 건설 업체에 재하도급을 주는 불법 행위가 발생한다면, 건설 생산의 단계가 추가되는 등 부정적인 요인이 발생할 수 있다.

따라서 선진 외국의 사례에서처럼 건설 시공업 단일 등록 체계의 도입을 고려할 필요가 있다고 본다. 대기업은 건설 사업 관리(CM)에 주력하고 중소 업체는 전문 공종 시공 업체로 역할 분담이 가능한 생산 체계로의 개편이 필요하다. 이러한 생산 체계의 개편은 다양한 선진 발주 제도의 도입을 가능하게 할 뿐만 아니라, 생산 체계의 효율적 구성이 가능하게 할 것이다. 또한, 건설업의 건전화를 위해서는 무자격 부실 건설 업체의 퇴출 또한 중요한 과제가 될 것이다. 이는 시장 원리에 충실할 경우 가능하리라 본다. 부실 업체에 대한 시장의 평가 결과를 적극적으로 활용할 필요가 있으며, 시공 연대 보증 제도의 철폐 등을 통해 부실 업체가 보증 기관의 입찰 보증서도 받기 어렵도록 만들어야 한다. 이를 위해서는 건설 보증 및 금융 기관의 선진화가 동반되어야 한다. 또한 입찰 제도의 변화를 통해 부실 업체의 시장 퇴출을 유도해야 한다. 부실 건설 업체를 양산하게 된 계기가 되었던 적격 심사 제도를 보완하여 시장의 가격 결정 기능을 극대화하는 입찰 제도로의 개선이 필요하다.

제4장 한국 경제의 당면 과제와 해결책

1. 북한과의 경제 협력

(1) 개성공단

북한과의 경제 협력을 논할 때는 정치적 문제가 큰 걸림돌이 된다. 그러나 여기에서는 경제적인 측면에서만 살펴보기로 한다. 개성공단의 사업 규모만 하더라도 공단 800만 평, 신도시 1,200만 평, 도합 2,000만 평으로 계획돼 있다. 그러니 개성공단 문제를 푸는 것만으로도 난항을 거듭하고 있는 정치 문제 해결의 실마리가 되지 않을까.

개성공단이 완성되었을 때의 사업 계획 규모를 보면 입주 업체 2,000개, 채용 인원 60만 명, 공단을 둘러싼 총 인구 100만 명으로 추산돼 있다. 이런 추산은 개성공단이 재기능을 발휘하는 것을 전제로 하고 있기 때문에, 계획 달성을 위해서는 여러 가지 선행 조건이 갖추어져야 한다.

첫 번째로 공단을 운영하는 데 필수적인 '인프라'가 완비돼야 한다. 전력과 공업 용수는 물론이고, 훈련된 노동력의 안정적인 공급도 빼놓을 수 없는 요건이다. 공단이 완전 가동할 때까지 노동 인력의 공급은 60만 명으로 돼 있다.

두 번째로 고려돼야 할 것은 공단 입주 업체 문제이다. 노임이 싸다는 조건만 가지고는 입주 업체의 유치는 쉬운 문제가 아닐 것이다. 노동력의 질도 문제가 되겠거니와 노임의 안정을 보장하는 제도가 필수적이다. 그리고 입주 업체는 한국뿐 아니고 세계 각국에 개방돼야 한다. 그와 동시에 개성공단에서 생산된 상품에 대해선 미국, 일본 등 세계 각국으로부터 특혜 관세 제도를 적용받아야 한다.

앞에서 언급했던 전력 공급도 간단치는 않다. 한국의 여유 전력을 송전하는 데도 한계가 있다. 전력 생산을 위해서는 KEDO 같은 정치적 문제가 해결돼야 한다.

개성공단이 완공됐을 때의 생산량 규모를 연도별로 추계한 것을 보면 [표 4-1]과 같다.

북한의 경제 사정 중에 제일 긴급한 문제가 식량 부족이다.

[표 4-2]에서 보는 바와 같이 매년 생산량은 일정하고 갈수록 부족량이 늘고 있다. 1996년에는 식량 자급량이 50% 정도에 그치고 있

[표 4-1] 개성공단의 생산량 추계

연도	단계	연간 생산량	부가 가치
2007	1단계	94억 달러	27억 달러
2010	2단계	217억 달러	61억 달러
2012	조성 완료	839억 달러	244억 달러

[표 4-2] 북한의 식량 부족량 추산
(단위 : 백만 톤)

연도	총 수요	부족	수입	부족량
1991	6.47	1.66	1.29	0.37
1992	6.50	2.07	0.83	1.24
1993	6.58	2.31	1.09	1.22
1994	6.67	2.79	0.49	2.30
1995	6.72	2.60	0.96	1.64
1996	6.73	3.28	1.04	2.24

[표 4-3] 북한의 식량 부족량 금액 환산
(단위 : 달러)

연도	총 수요	부족	수입	부족량
1994	173억	72억	12억	59억
1995	174억	67억	24억	42억
1996	174억	85억	27억	58억

(1톤 = 2,600달러)

다. 북한의 식량 부족량을 금액으로 환산해 보면 [표 4-3]과 같다.

개성공단의 완공 및 생산량 규모를 2012년 공단 조성 완료 시의 연간 생산 839억 달러로 추산하고, 게다가 10%만 세수입을 기대한다고 하면 북한의 식량 부족량을 수입할 수 있는 재원이 조성될 수 있다.

북한 문제는 크게, 군사적 문제와 경제적 문제 두 가지로 요약할 수 있다. 경제적 문제는 식량 자급 문제와 직결된다. 그러나 현실적

인 상황으로 볼 땐 군사 문제 해결 없이 경제 문제를 논할 수 없고,
또 한편으로는 경제 문제 해결의 보장 없이는 군사 문제 해결의 실
마리를 찾기 어려운 상황이다. 만약 앞으로 개성공단에 이어 평양공
단, 진남포공단 등 북한 전역이 세계적인 공단으로 발전하고, 저렴
하고 질 좋은 노동력이 공급된다면 머지않아 북한의 경제 자립을 기
대할 수 있을 것이다.

2. 독도 문제와 경제 교류

한국과 일본의 관계를 우리는 늘 '가깝고도 먼 나라'로 표현해 왔다. 가깝다는 것은 지리적으로도 그렇고, 같은 한자 문화권에 있으며 생활 관습에도 유사한 점이 많다는 것이다. 음식 문화만 하더라도 한국에는 화식으로 불리는 일본식이, 일본에는 김치·불고기 등 한국 음식이 보편화돼 있다. 그러나 '먼 나라'란 표현을 쓰는 것은 식민지 통치를 당했던 우리의 상처가 가시지 않았는데도 사죄는커녕 한국의 현대화에 공헌했다는 그들의 방자한 역사 인식 때문이다.

2005년을 한일 양국 우호의 해로 정한 것도 지난날의 그런 앙금을 말끔히 씻고 동북아의 정치·경제 안정을 위해 동반자가 되자는 취지에서일 것이다.

2004년부터 일기 시작한 한류 문화는 일본 민간에 번져 나갔고, 한일 간의 친선 무드는 고조돼 갔다. 이런 시기에 친선 무드를 일부러 해치려는 듯 시마네 현 의회의 독도 영유권 시비가 터져 나왔다. 물론 시마네 현으로서는 독도 주변의 풍부한 어류 자원에 눈독을 들이는 측면도 없지 않다. 그러나 어류 자원만 가지고 지방 의회가 저지르기엔 그 배후에 중앙 정부의 입김이 느껴진다.

경제적·문화적으로 잘 가고 있는 이런 시기에 돌출된 문제이니만큼 그들의 저의를 의심할 뿐이다. 그것은 그들이 독도 문제를 국내외 정치적으로 이용하려는 의도가 숨겨져 있지 않을까 하는 것이다. 미국과 밀월 관계를 유지하면서 군사적으로 재무장하는 것이 그들의 야망인 것이다. 그러기 위해 영토에 대한 야망을 노골화해서 일본 국민을 다시 한 번 2차 대전 당시의 극우로 몰아가려는 저의가 아닐까.

지금 중국과 일본의 정세는 재무장 경쟁이 점점 치열해질 상황에 놓여 있다. 이런 시기에 독도를 빌미로 해서 일본의 침략 근성을 드러내는 듯한 행동에는, 대외적으로 일본의 재무장을 강하게 부각시키려는 의도가 숨겨져 있을지 모른다.

2004년도 대일 교역에서는 수출 217억 달러, 수입 461억 달러로 244억 달러의 무역 적자를 보았다. 대일 무역 적자 규모는 해마다 늘어나는 추세에 있다. 이렇게 대일 적자가 급증하는 이유는 우리의 주요 수출품인 반도체나 휴대 전화, LCD 등의 제조 장비와 핵심 부품을 상당 부분 일본에 의존하고 있기 때문이다. 한국의 수출 산업은 일본의 부품에 의존하는 비율이 크면서도 국제 시장에서는 제품 자체가 일본과 치열한 경쟁 관계에 놓여 있는 상황이다. 그러니 일본 부품의 의존도가 클수록 일본과 협력하면서도 종속 관계에 있는 것이다. 한일 관계가 악화돼 어느 한 쪽에서 수출입을 규제한다면 실질적으로 피해를 보는 국가는 한국이 될 가능성이 크다. 독도 문제가 경제 분야에까지 영향을 미쳐서는 안 될 것이다.

독도를 둘러싼 어업권 문제는 평화적으로 대처할 필요가 있다. 교과서 문제 같은 것도 일본에 있는 양심 세력과 손을 잡고 일본의 학교가 왜곡된 교과서를 채택하지 못하도록 캠페인을 벌이는 것도 효과적일 것이다. 모처럼 일고 있는 한류 문화 열풍이 사라지지 않도록 도량 넓게 대처하는 방법이 좋지 않을까 생각한다.

| 참고 문헌 |

•강봉균, 한국의 경제 개발 전략과 소득 분배, KDI, 1989.

•고광수·김근수, 한국·일본·중국의 기관 투자자 비교 연구, 한국증권연구원, 2005.

•공정거래위원회, 출자총액제한 기업 집단 주식 소유 현황 분석, 매년 보도자료.

•곽태원, 경제 성장과 사회 형평, 국민경제제도연구원, 1991.

•구해근·신광영, 한국 노동 계급의 형성, 창작과 비평, 2002.

•국토개발연구원, 주택 정책의 회고와 전망, 1998.

•국토연구원, 국민 주거 안정을 위한 주택 정책 개편 방안 연구, 2003.

•권순우, 금융 구조의 효율화 방향과 과제, 삼성경제연구소, 2004.

•권순원·고일동·김관영·김선웅, 분배 불균등의 실태와 주요 정책 과제, KDI, 1992.

•금융감독원, 우리나라 금융 산업의 현황과 과제, 2003.

•금융감독원, 증권 관련 집단 소송 제도 안내, 2004.

•김용성, 복지 지출 및 조세 정책이 경제적 효율성과 형평성에 미치는 영향: OECD 국가를 중심으로, KDI, 2004.

•김재칠, 외국인 주식 보유 비중의 증대를 둘러싼 논의에 대한 검토, 한국증권연구원, 2004.

•노사정위원회, 노사정위원회 연차 보고서, 2004.

•노희진·주윤신, 금융 산업 분석과 주식 시장에 대한 시사점, 한국증권연구원, 2003.

•대한상공회의소, 공정거래법 시행령 개정 방향에 대한 업계 의견, 2004.

•대한상공회의소, 미국의 집단 소송 경험과 정책 시사점, 2005.

•매경이코노미, 경영 케이스 스터디, 2003.

•문우식, 자본주의 발전 과정과 한국의 경제 성장 : 구조적 접근, 국민경제 교육연구소, 1992.

•박영철, 한국의 금융 발전 : 1945~1980, KDI, 1984.

•박현수, 외국인 주식 투자가 국내 기업의 성장에 미치는 영향, 삼성경제연구소, 2004.

•배무기, 한국노사 관계의 개혁―대립에서 협력으로의 전환, 경문사, 1996.

•변양호, 한국의 금융 위기 극복 과정과 교훈, 재경부, 2004.

•삼성경제연구소, 주택 시장 안정을 위한 정책 과제, 2004.

•삼성경제연구소, 최근 자산 가격 동향과 버블화 가능성, 2002.

•삼성경제연구소, IMF 1년 심포지엄, 1998.

•서울대학교 기업 경쟁력 연구센터, 출자총액제한제도 바람직한 개선 방향, 재정경제부, 2003.

•성소미, 대규모 집단 규제의 개선 방안, 한국개발연구원, 2001.

•유경준, IMF 이후 분배 구조 및 빈곤의 변화와 외국의 정책 방향, KDI, 2000.

•유경준·김대일, 외환 위기 이후 소득 분배 구조 변화와 재분배 정책 효과 분석, KDI, 2002.

•유경준·김용성, 소득 분배 구조 변화와 소득 분배 구조 개선을 위한 정책 과제, KDI, 2004.

•이정우·황성현, 한국의 분배 문제 : 현황, 문제점과 정책 방향, KDI, 1998.

•이종규, 경제 위기 : 원인과 발생, 한국은행, 2000.

•전영재, 기업하기 좋은 나라의 조건, 삼성경제연구소, 2001.

•정기문, 공정거래법과 시장 질서의 확립, 국민경제교육연구소, 1975.

•정윤모·손영락, 증권 집단 소송과 투자자 보호, 한국증권연구원, 2001.

•조윤제, 한국의 금융 자유화와 금융 위기, 한국은행, 1999.

•조중태, 우리나라 노사 관계의 방향 정립을 위한 연구, 단국대 석사논문, 1990.

•좌승희, 한국 금융의 발전 방향과 과제, KDI, 1990.

•참여연대, 증권 집단 소송제 관련 남소우려 주장에 대한 검토, 2003.

•최희갑, 단기 부동 자금 급증의 실상과 해결 방안, 삼성경제연구소, 2003.

•투자신탁협회, 미국의 기업 연금 종류와 401(k) 제도의 구조, 2003.

•한국개발연구원, 증권 산업 발전을 위한 연구, 1990.

•한국건설산업연구원, 건설 제도·정책 변화가 건설 산업 구조에 미친 영향, 2004.

•한국건설산업연구원, 건설 투자 확대와 신수요 창출, 2003.

•한국건설산업연구원, 부동산 종합 파급 효과 및 정책 제언, 2005.

•한국경제사회경제학회, 한국 경제론 강의, 한울경제학강좌, 1999.

•한국금융연구원, 금융 산업의 구조 변화와 발전 과제, 2004.

•한국노동연구원, 네덜란드 노동개혁과 사회적 대화, 빔 콕 초청 강연, 2005.

•한국은행 금융경제연구원, 경제 성숙기의 성장 환경 변화와 대응 방향 : 선

진국 경험과 국내 여건 비교, 2004.

•한국은행, 2004년 중 외국인 증권 투자 자금 유출입 동향, 2005.

•한국은행, 기업 지배 구조 개선을 위한 기관 투자자의 역할, 1999.

•한국은행, 외국 자본의 은행 산업 진입 영향 및 정책적 시사점, 2003.

•한국은행, 우리나라 은행 민영화의 경험과 시사점, 1999.

•한국은행, 주식 시장에서 기관 투자자의 역할 제고를 위한 과제, 2004.

•한국은행, 투기성 외국 자본의 문제점과 정책 과제, 2004.

•현대경제연구원, 미국 기업 연금 제도의 성장과 시사점, 2003.

•KDI, 분배 정책 방안의 모색, 1987.

•LG경제연구소, 참여 정부 주택 정책의 재음미, 2004.

•World Bank, *Inequality in income or consumption*, 2004.

•노동부

•한국노동연구원

•한맥노동문제연구소

•LG 경제연구원

한국 경제 무엇이 문제인가

초판 1쇄 인쇄일 · 2006년 1월 13일
초판 1쇄 발행일 · 2006년 1월 20일
엮은이 · 김준성
펴낸이 · 임성규
펴낸곳 · 문이당

등록 · 1988. 11. 5. 제 1-832호
주소 · 서울시 성북구 동소문동 4가 111번지
전화 · 928-8741~3(영) 927-4990~2(편)
팩스 · 925-5406
ⓒ 김준성, 2006

홈페이지 http://www.munidang.com
전자우편 webmaster@munidang.com

ISBN 89-7456-323-1 03320